我国当代农村社区教育探析

WOGUO DANGDAI NONGCUN
SHEQU JIAOYU TANXI

许浩　费红辉　吴进◎著

河海大学出版社
HOHAI UNIVERSITY PRESS
·南京·

图书在版编目(CIP)数据

我国当代农村社区教育探析 / 许浩, 费红辉, 吴进著. -- 南京：河海大学出版社, 2024.11. -- ISBN 978-7-5630-9506-3

Ⅰ.G725

中国国家版本馆 CIP 数据核字第 2024CY4021 号

书　　名	我国当代农村社区教育探析 WOGUO DANGDAI NONGCUN SHEQU JIAOYU TANXI
书　　号	ISBN 978-7-5630-9506-3
责任编辑	俞　婧
特约校对	滕桂琴
装帧设计	徐娟娟
出版发行	河海大学出版社
地　　址	南京市西康路 1 号(邮编:210098)
电　　话	(025)83737852(总编室)　(025)83787476(编辑室) (025)83722833(营销部)
经　　销	江苏省新华发行集团有限公司
排　　版	南京布克文化发展有限公司
印　　刷	广东虎彩云印刷有限公司
开　　本	710 毫米×1000 毫米　1/16
印　　张	10.875
字　　数	210 千字
版　　次	2024 年 11 月第 1 版
印　　次	2024 年 11 月第 1 次印刷
定　　价	58.00 元

前言 PREFACE

  在中国式现代化进程中,农村社区教育承载着实现乡村振兴和社会公平的重要使命。开放大学的重要职责之一,就是推动农村社区教育的发展,以满足广大农村居民,尤其是老年群体的学习需求,并提升他们的生活质量。本书系统梳理和阐释了社区教育的历史溯源、内涵分析、组织运行、核心要素、课程建设、教学组织与评价体系,聚焦于农村社区教育的发展轨迹,通过深入基层调研与分析,深刻揭示了其发展的历史背景与现状。

  面对农村社区教育的特殊性,本书针对老年人群提出了"有用"的学习资源的提供策略,强调课程内容的生活化、教学方式的活动性,并探讨了游学项目在赋能农村社区教育中的积极作用和价值。我们认为,农村社区教育的高质量发展应坚持时代性、人民性与草根性的路径,以确保其能够切实服务于广大农村居民的需求。

  本书融入陶行知先生"生活即教育"的理念,基于以人为本的思想,提出社区教育应是生活化教育、快乐教育、全民教育、非学校化教育以及学习者价值导向的教育。陶行知先生曾指出,"教育不在教室里,而在生活中",我们秉持这一理念,将重点放在乡村社区教育,尤其是老年教育领域,力求将"教育"概念重新融入现实生活中,努力解决当前农村社区教育面临的师资不足、课程"精英化"、教学组织形式和方法学校化等问题。

  通过本书,我们希望为基层社区教育工作者提供一些经典范式、实操技能与智慧启迪,以提升农村终身教育保障水平,推动农村社区教育的高质量发展。我们相信，只有将教育与生活紧密结合，才能真正实现农村社区教育的初衷，为中国式现代化建设注入新的活力与动力。

本书的撰写得到了吴进的指导，得到了费红辉同志的大力支持，得到了姜明房、卢海燕等同志的调研和研讨成果的支持。尽管我们付出了诸多努力，但因多方面因素，书中仍可能存在不足之处。对此，我们诚恳地希望业界同仁能够宽容并给予指导，期待乡村社区教育和老年教育一线的广大实践者们在实践中予以评判和反馈。

我们相信，通过不断的探索与实践，秉持陶行知先生的"生活即教育"理念，农村社区教育将为中国式现代化建设注入新的活力，助力广大农村居民实现对美好生活的追求。

目录 CONTENTS

第一章　社区教育历史溯源 · 001
　　一、我国社会教育的发展脉络 · 001
　　二、我国社区教育的发展沿革 · 004
　　三、大教育背景下的社会教育 · 007
　　四、社区教育发展的时代背景 · 011

第二章　社区教育内涵分析 · 013
　　一、社区教育的概念界定 · 013
　　二、社区教育的性质特征 · 015
　　三、社区教育的主要任务 · 018
　　四、社区教育的教学要素 · 020
　　五、社区教育的社会参与 · 024

第三章　社区教育组织运行 · 027
　　一、组织架构建设的背景 · 028
　　二、各级各类机构职能 · 028
　　三、社区教育师资建设 · 031

第四章　社区教育核心要素 · 040
　　一、"课程"概念由来 · 040
　　二、社区教育课程建设原理 · 042
　　三、社区教育课程基本要义 · 045
　　四、社区教育课程教学目标 · 046

五、社区教育课程特点 ··· 047

第五章　社区教育课程建设 ··· 049
　　一、精选课程内容 ··· 050
　　二、搭建学习团队 ··· 055
　　三、丰富课程设计 ··· 055

第六章　社区教育教学组织 ··· 059
　　一、社区教育的组织方式 ··· 059
　　二、社区教育的班级教学 ··· 064
　　三、社区教育的教学管理 ··· 066

第七章　社区教育评价体系 ··· 069
　　一、社区教育评价的现状 ··· 070
　　二、对社区教育评价的再审视 ··· 071
　　三、社区教育评价的价值取向 ··· 073
　　四、构建以"课程"为核心的评价体系 ··· 074

第八章　农村社区教育发展背景 ··· 076
　　一、农耕文明与老龄文明 ··· 076
　　二、我国农村社区教育溯源 ··· 078
　　三、乡村振兴战略推动农村社区教育变革 ··· 080

第九章　农村社区教育发展现状 ··· 085
　　一、农村经济社会环境新特征 ··· 085
　　二、农村社区教育发展模式与困境 ··· 089
　　三、农村社区教育的价值追求 ··· 093

第十章　农村社区教育"破冰"策略 ··· 095
　　一、面向主流人群 ··· 095
　　二、提供"有用"的学习资源 ··· 097
　　三、组建学习团队 ··· 098

四、实施眼前的刺激 ………………………………………… 099
五、课程内容生活化 ………………………………………… 100
六、课程形式活动性 ………………………………………… 105

第十一章　农村社区教育游学项目 ……………………… 114
一、乡村游学的建设背景 …………………………………… 114
二、乡村游学的基本特征 …………………………………… 115
三、乡村游学的特殊作用 …………………………………… 117
四、乡村游学的建设要点 …………………………………… 118
五、乡村游学的实践经验 …………………………………… 121
六、乡村游学的课程开发 …………………………………… 122
七、乡村游学的价值分析 …………………………………… 128

第十二章　高质量发展农村社区教育 …………………… 130
一、坚持农村社区教育的时代性 …………………………… 130
二、坚持农村社区教育的人民性 …………………………… 131
三、坚持农村社区教育的社会性 …………………………… 133
四、坚持农村社区教育的草根性 …………………………… 135
五、坚持农村社区教育的愉悦性 …………………………… 135
六、坚持农村社区教育的本土化 …………………………… 136
七、坚持农村社区教育的生活化 …………………………… 137
八、坚持农村社区教育的个性化 …………………………… 137
九、坚持农村社区教育的非学校化 ………………………… 138
十、坚持农村社区教育的多样化 …………………………… 139

附录 ………………………………………………………… 141
结语 ………………………………………………………… 160
主要参考文献 ……………………………………………… 163

第一章 社区教育历史溯源

社区教育,是以社区为单元,通过整合各类可利用的资源,面向城乡居民提供更均衡、更优质的学习条件,满足其丰富和高品质学习要求的学习支持服务活动。社区教育过程体现了教的引导,核心在于导学和助学。

依据教育实施空间划分,社区教育可归入社会教育的范畴。"社会教育"(social education)一词最初于19世纪40年代出现于德国。1892年,日本教育家山名次郎的《社会教育论》和1899年佐藤善治郎的《最近社会教育法》两部论著,成为日本"社会教育"一词及其理论产生的标志。

在我国,"社会教育"概念是随着近代国外,特别是日本教育学说的引入而被人们所逐步认识的。基于广义和狭义的"教育"的定义,"社会教育"的概念同样有广义与狭义之分。广义的社会教育指与学校教育、家庭教育并行的影响个人身心发展的社会教育活动;狭义的社会教育指社会文化教育机构对青少年和人民群众开展的各种文化和生活知识的教育活动。显然,社会教育是广义的"教育"中有组织的教育活动,并具有特定的教学领域、教学对象和教学设施,已经成为一种重要的教育形态。

一、我国社会教育的发展脉络

100多年来,我国的社会教育经历了萌芽、确立、分化、"淡化"和复兴几个历史时期。

我国的社会教育萌芽于清末。从鸦片战争到中日甲午战争,清政府为巩固其统治,视发展教育、培养技术人才为"当务之急"。甲午战败之后,有识之士和清政府逐步认识到"晚近之学西法者,语言、文字、制造、器械成而已。此西艺之皮毛,而非西学之本源也"[1],进而欲举办社会教育,并建议在学校外设立藏书

---

[1] 朱寿朋.光绪朝东华录(第四册)[M].北京:中华书局,1958:4.

楼、仪器院、译书院、报馆等,以"鼓民力、开民智、兴民德"。随着赴日留学潮的兴起,一些日本社会教育学说被引入国内,政府开始制定一些涉及社会教育内容的制度和法规。然而,由于清政府的腐败和体制的落后,这个时期的社会教育终未能有所成效,只是处于萌芽阶段。

我国的社会教育确立于民国时期。1912年,中华民国政府颁布了教育方针,"注重道德教育,以实利教育、军国民教育辅之,更以美感教育完成其道德"[①]。中华民国首任教育总长蔡元培"深信教育行政之责任,不仅在教育青年,须兼顾多数年长失学之成人",主张并设立"社会教育司",这是政府首次在公共政策上使用"社会教育"一词,从而开启了我国"社会教育"事业发展的历程。在政府的推动下,从中华民国成立到五四运动这一时期,以失学民众和全体国民为对象,先后颁布了一系列的章程,以通俗教育为内容的社会教育事业得以开展。汤化龙在呈请设立通俗教育研究会的呈文中说:"国家之演进,胥视人民智德之健全,而人民智德之健全,端赖一国教育之普及。而考及教育普及之方法,学校而外,尤籍有社会教育以补其所不逮。盖社会教育范围至广,效用至宏,举凡一国普通士庶之性情、道德、智能,皆受熏育陶于此。"[②]

从1919年五四运动到1927年南京国民政府成立,这一时期社会教育的发展表现在三个方面:平民教育、乡村教育和工农教育。其间,值得关注的是民间社会教育组织,特别是由教师和学生共同创办的社会教育团体发挥了积极的作用,出现了诸如陶行知、晏阳初等社会教育名家,对后世教育的发展产生了深远的影响。

1922年5月,中国社会主义青年团第一次全国代表大会通过了《中国社会主义青年团纲领》,明确规定了青年团在社会教育方面的任务:"应为所在地方之青年无产阶级组织俱乐部、学校、讲演会,以发展他们的知识和社会觉悟,并刊发通俗的日报、月报、小册子。对于青年农人亦应特别注意。又应使年长失学的青年受普通教育。"1922年7月,《中国共产党第二次全国代表大会宣言》中提出了"改良教育制度,实行教育普及"的教育纲领。可见,中国共产党在成立之初就对社会教育有高度的认识,并提出了自己的主张,视社会教育为开展工农运动的重要手段。1923年,在湖南安源煤矿,仅由毛泽东、刘少奇组织领导的工人讲习所就达14所;1926年,湖南省农民协会创办的农民夜校多达6 700所。工农教育

---

① 舒新城.中国近代教育史资料[M].北京:人民教育出版社,1961:226.
② 朱有瓛,戚名琇,钱曼倩,等.中国近代教育史资料汇编·教育行政机构及教育团体[M].上海:上海教育出版社,2007:375.

实践活动的开展,比之平民教育、乡村教育的"试验",具有划时代的意义,体现了中国共产党真正代表广大人民群众的利益,代表中国社会教育的发展方向,这也成为"中国社会教育史上最动人的一幕"。

我国的社会教育分化于国内革命战争时期。1927年到1937年的10年间,由于以蒋介石为首的国民党反动派背叛革命,导致共产党领导的苏区人民政权和国民党领导的南京国民政府出现了对峙、斗争状态,不同的政治理念和价值取向,也使得两个区域的社会教育出现了分化。虽然都是政府推动的社会教育发展模式,但其宗旨、内容、体制、方式都产生了巨大的差异。苏区把社会教育事业看作争取革命胜利的一个重要条件,是人民群众的利益所在。1934年,在全国第二次苏维埃代表大会上,毛泽东提出了苏区文化教育的总方针:"在于以共产主义的精神教育广大的劳苦大众,在于使文化教育为革命战争和阶级斗争服务,在于使教育与劳动联系起来,在于使广大中国民众都成为享受文明幸福的人。"[①]

南京国民政府的社会教育旨在建立"统治秩序",推进"党化教育",社会教育也就成为这一时期国民政府极为重视的一项事业。1938年,中国国民党临时全国代表大会通过了《战时各级教育实施方案纲要》,明确指出:"社会教育,以增进全民之智识、道德与健康,以提高国家文化水准,使全体民众具备公民常识及民族意识,明了本国现状与世界大势,成为新时代所需要之良好公民,俾新兴事业易于推行,国家政策易于实现。"[②]总体而言,国民政府建立了相对完备的社会教育的管理体制和运行机制。

我国的社会教育"淡化"于新中国成立后的前40年。首先需要明确的是,这里的"淡化"是相对"社会教育"的概念而言。新中国成立之后,中央人民政府高度重视社会化的教育活动。1949年12月,全国第一次教育工作会议明确提出,教育应着重为工农服务,培养工农知识分子干部。大量举办业余补习教育,开展全国规模的识字运动。在普及的基础上,逐步提高科学技术和政治教育水平。1953年国家教育部撤销社会教育司,组建工农教育司,虽然工农教育事业得到了快速发展,但基本上以扫盲和文化基础教育为主。"文革"期间,工农教育则演变成"生产实践=教育教学"的模式。这一时期,"社会教育"的概念、理念逐步淡化,以至于在相当长的一段时间内,我国的社会教育主要依附于各种政治运动,教育体系也因缺失"社会教育"而失去了平衡。

---

① 黄友威.毛泽东教育伦理思想研究[D].衡阳:南华大学,2010.
② 抗日战争纪念网.抗战时期国民政府高等教育政策的调整[EB/OL].(2018-03-01)[2024-05-01]. https://www.krzzjn.com/show-557-67462.html.

纵观这一时期我国社会教育的发展,概括起来有以下特征。

一是政府的主导性。无论是南京国民政府,还是苏区人民政府,基于不同的立场和目标,都高度重视社会教育。

二是社会的参与性。学校师生和民间组织成为推动社会教育发展的重要力量。

三是形式的多样性。从宣讲动员到扫除文盲,从传统教化到开启民智,从"公民教育"到"生计教育",从"平民教育"到"乡村建设",我国社会教育形成了基本的教育形态。特别是中国共产党开创的"工农教育",留下了我国现代社会教育史上浓墨重彩的一笔。

四是内容的时代性。从清末至1949年新中国成立,社会教育的内容不仅随着教育自身的发展而变化,更因其处于不同的历史阶段而具有鲜明的时代性。新中国成立以后,虽然"社会教育"的概念趋于"淡化",但围绕不同时期的中心工作,围绕"政治运动"所开展的提高公众文化科学素质教育、思想政治教育、"阶级斗争"教育的"社会教育"实践依然存在。

我国的社会教育在"文革"结束后逐渐得到了复兴,并发展出"社区教育"这一重要的实践形式。

夸美纽斯在《大教学论》中提出"把一切知识教给一切人",社会教育的理论和实践表明,其教育内容大致可分为五个方面,即社会德育、社会智育、社会体育、社会美育和社会生活教育,其中,社会德育是社会教育的核心。同时,得民心是我国政治的优良传统,重民、养民、教民是传统社会教化的重要功能,在社会发展进程中,社会教育的教化功能是始终存在并处于突出地位的。

二、我国社区教育的发展沿革

"文革"的结束,标志着我国经济社会发展无序状态的终结;改革开放的实践,使得教育逐步进入健康发展的轨道。经济社会发展的需要和公众的学习需求,呼唤着我国社会教育事业的发展。从社会教育的概念和实践出发,改革开放后的各类教育实践活动、群众性文艺活动、读书活动、艺术博览会等都构成了社会教育的重要内容。在这样的背景下,1986年,上海出现了学校和企业共同发起组成的"社会教育委员会"。1988年,上海市闸北区部分街道成立社区教育委员会;次年,闸北区设立社区教育委员会。由此,作为社会教育重要实践形式的"社区教育"自上海至全国呈星火燎原之势;顺应国际社会教育与社区教育思潮,越来越多的教育机构及其师生走出校园,开展中小学校外教育、社区居民教育,逐步形成学校与社区

"双向互通、互惠互利"的办学局面。1999年1月,国务院批准教育部《面向21世纪教育振兴行动计划》,提出"开展社区教育的实验工作,逐步建立和完善终身教育体系,努力提高全民素质"的工作任务和目标;2014年,教育部等七部门印发《关于推进学习型城市建设的意见》,提出"形成一大批终身教育体系基本完备、各级各类教育协调发展、学习机会开放多样、学习资源丰富共享的学习型城市"的目标;2016年,《教育部等九部门关于进一步推进社区教育发展的意见》提出"到2020年,社区教育治理体系初步形成,内容形式更加丰富,教育资源融通共享,服务能力显著提高,发展环境更加优化,居民参与率和满意度显著提高,基本形成具有中国特色的社区教育发展模式"的总体目标;2016年,国务院办公厅印发《老年教育发展规划(2016—2020年)》;2017年,中共中央、国务院办公厅下发《关于深化教育体制机制改革的意见》,对我国社会教育国家的改革发展提出了明确的要求。这一系列文件的出台,标志着我国社会教育事业在教育发展和国家经济社会发展中的战略地位的确立。至此,我国以社区教育为主要实践形式的社会教育事业进入快速发展的轨道,主要表现出以下几方面特点。

一是体制机制建设逐步完善。近几年来,福建等6省市先后出台了《终身教育促进法》等地方性法规,成都市出台了《社区教育促进条例》;江苏等21个省、自治区和直辖市依托开放大学(广播电视大学)设立社区教育服务指导机构;自2016年下半年以来,共有19个省市出台了贯彻九部委文件精神和《老年教育发展规划(2016—2020年)》的实施意见;区域范围内各部门的协调机制、区域之间的协同机制正在形成,特别是东西部地区之间的结对合作,为促进社会教育事业的均衡发展作出了有益的探索。

二是平台建设已经初见成效。为营造人人皆学、处处能学、时时可学的全民学习环境,各地加大网络学习平台的建设力度。目前,包括上海学习网、江苏学习在线、成都社区教育、京学网等在内的省级数字化学习公共服务平台有20多个,市县级学习平台的建设整合工作也已取得阶段性进展,特别是东部沿海地区的区域化学习站群的建设运行情况良好,为公众学习提供了有力的支持服务。

三是宣传发动持续深入。社会教育从理论和实践的边缘化到以社区教育发展为特征强势回归,并成为国家教育发展战略,政府和社会组织在这一过程中做了大量卓有成效的工作。党委领导、政府统筹、各界参与、群众支持的基本格局已经形成。自2005年10月以来,由中国成人教育协会等发起的"全民终身学习活动周"活动已连续举办20年。这项活动得到了社会的广泛支持和认同,各省、自治区、直辖市,以及一批地级市和部分县级市也相继举办年度的全民终身学习周启动仪式,并以此为抓手,积极推进区域性全民学习活动。

四是品牌拉动战略广泛实施。以全国社区教育"示范区""实验区"建设为标志的全国性品牌项目建设已经产生了深远的影响。截至2016年底,全国范围内已遴选出社区教育实验区六批共240家,示范区四批122家;各省也纷纷推动社区教育学院、社区教育中心的标准化和现代化建设,打造特色品牌;市县两级,特别是县级社区教育的品牌创建活动更是如火如荼。如江苏的社区"学习苑"建设、成都的"游学"项目建设、杭州市下城区学习型社团建设工程项目实施、上海市静安区"乐龄讲坛"、天津市河西区"巧主妇"老年工作室建设,等等。各地从区域文化、产业特点出发,整合各类资源,融入教育元素,各类社会教育品牌项目精彩纷呈。

五是体制机制和模式创新有所突破。上海、成都等地建立了相对完善的政府统筹机制,对于整合资源起到了积极作用;江苏注重依托开放大学办学体系,发挥其在社会教育领域的领军作用;福建重视两岸的交流与合作,以理论引领实践;武汉武昌社区教育学院把社区教育融入社区治理,推动和谐社会建设;江苏、成都、上海等地注重学习支持服务模式的探索,在服务移动学习、建设游学项目、建设志愿者队伍、引入社会资源等方面作出了有益的探索,丰富和活跃了学习形式。

党的十九大以来,根据党中央"加快建设学习型社会,大力提高国民素质"的总体要求,我国社区教育事业持续发展,相关各类教育机构趋于规范,各种教育形式不断涌现,品牌、特色课程建设和教学成果展示活动开展得有声有色,各地的配套政策相应出台,社区教育和老年教育的参与率、满意度、获得感得到进一步提升。党的二十大报告对这一时期包括社区教育、老年教育在内的教育事业做出了总体概括:"我们深入贯彻以人民为中心的发展思想,在幼有所育、学有所教、劳有所得、病有所医、老有所养、住有所居、弱有所扶上持续用力,人民生活全方位改善",并明确指出,"教育是国之大计、党之大计"。"中国式现代化是物质文明和精神文明相协调的现代化。物质富足、精神富有是社会主义现代化的根本要求。物质贫困不是社会主义,精神贫乏也不是社会主义。我们不断厚植现代化的物质基础,不断夯实人民幸福生活的物质条件,同时大力发展社会主义先进文化,加强理想信念教育,传承中华文明,促进物的全面丰富和人的全面发展。"要"坚持以人民为中心发展教育,加快建设高质量教育体系,发展素质教育,促进教育公平"。"统筹职业教育、高等教育、继续教育协同创新","完善学校管理和教育评价体系,健全学校家庭社会育人机制"。这标志着我国社会进入一个学校、家庭、社会教育协调、持续、高质量发展的新的历史时期。

三、大教育背景下的社会教育

以学校教育为中心的教育模式将人生分成彼此分离的三个阶段,也造成家庭教育、学校教育和社会教育互不干涉、彼此独立。长期以来对家庭教育和社会教育的漠视,使得社会"学校化"倾向日趋严重,制约了教育的生命力和活力,学校由"育人"沦为"制器"。1999年,中共中央、国务院颁布的《关于深化教育改革全面推进素质教育的决定》明确提出:"实施素质教育应当贯穿于幼儿教育、中小学教育、职业教育、成人教育、高等教育等各级各类教育,应当贯穿于学校教育、家庭教育和社会教育等各个方面。"全面的素质教育面向的不仅是在校学生,还有学校以外的广大民众,只有国民素质整体提高,才能为国力的增强夯实基础。全面的素质教育,不仅包括知识和技能,还包括道德、情感、意志等在内的人类生活的全部。因此,从人类生活的发展角度来看,社会教育是为今后的美好生活所做的准备。对于个体而言,随着年龄的增长,家庭教育对人的影响逐步由强变弱,而社会教育对人的影响则是由弱变强。在社会教育实践中,我们往往基于学校教育的理念,将社会公众当成完全意义上的学生,觉得他们应该学些什么,而不考虑他们基于自身的生产、生活需要学习什么,基于其能力、时间、精力又能够学到什么。美国教育学者伊凡·伊里奇提出了"非学校化社会"理论,他认为人们必须将目前对于各种新型学校的探索,转变为那些在制度上与学校截然相悖的教育渠道的探索,即探索能够增加每个人的机会的各种教育网络。随着科技的进步和时代的发展,各类新的教育形式和模式不断涌现,社会教育也焕发出勃勃生机,人们越来越清醒地认识到:对于个体而言,学校教育的力量是暂时的、有限的,而社会教育的力量才是持久的、无限的,它对个体自身的发展及社会的变革都会产生重大影响。

人是自然的人,也是社会的人,必然与周围环境相互依赖、相互依存、相互作用。家庭教育、学校教育、社会教育存在于不同的空间,有着不同的特点和功能,对于个人和社会的发展而言,三者缺一不可,不可替代。和合而生、融合发展是我国教育发展的必然趋势。

在当下和未来教育的发展过程中,家庭教育是预备,学校教育是基础,社会教育是延续。人们不仅要在学校教育阶段打下学习的基础,而且要在社会教育中接受终身教育。社会教育不仅关系到人的智力发展和人才的培养,而且影响着良好社会风气的形成、劳动者素质的提高和全体国民精神生活的丰富、道德情操的培养。总之,在当下中国的教育结构中,学校教育、家庭教育和社会教育应和合而生,只有把三者有机整合起来,才能提高公民的整体素质,推动社会的和谐稳定发展。

作为我国社会教育的重要实践形式,社区教育从1986年起步,有着近40年的发展历程。总体来看,在社区教育的带动下,我国的社会教育取得了可喜的成绩,初步形成社会影响并取得一定的社会效益,但是,目前仍然处于起始阶段,发展过程中的矛盾日益显现,主要特征表现为以下几个方面。

一是认识水平较低,亟待提高。社会教育是我国教育事业极其重要的组成部分,由于传统教育的强势地位,教育行政部门长期只对学校教育负责,"终身教育"的理念仍未完全确立,更未能成为引领教育改革发展的指导思想;补社会教育的"短板",促进教育的协调发展,推进教育现代化,也未能成为教育改革发展的策略;以社会教育为抓手,提高公民的整体素质,引导公民的自由全面发展,促进社区治理和社会建设,推动经济发展和社会变革,也未在教育和社会各领域形成基本共识。

二是缺乏系统设计,统筹不够。社会教育是教育事业的重要组成部分,事关全社会,更因其带有公益和政府主导的特征,所以宏观、中观和微观的设计,各级政府的统筹,社会的共同参与,各类资源整合、联动的激励机制的出台,必然成为社会教育发展的必要前提。虽然国家和地方政府出台了一系列文件,但鲜有具体的政策举措;虽然成立了相应的机构,但缺少具体的实施项目和操作性方案;虽然提出了目标任务,但未见有效的检查激励机制;对于多数地方政府而言,发展社会教育并未被提上重要的议事日程,仍然是软任务。

三是制度建设滞后,管理不力。众所周知,由于诸多因素的共振,我国已经形成了庞大的教育培训市场,各类教育培训机构如雨后春笋般涌现。虽然国家和地方出台了相应的制度法规,但在青少年校外教育、学前教育、早教、职业技能培训、老年教育等领域,仍然存在着一定程度的混乱现象。特别是一些交叉重叠的民间组织,热衷于搞"市场化"的评比、培训,政府部门习惯于以活动的方式开展社区教育,致使目前有限的投入无谓地耗散在中间环节上,而公众难以享受到社会教育的实惠,公众的参与度、满意度不高。

四是投入严重不足,效益偏低。由于各级党委和行政部门的重视,虽然国家和地方对社会教育的投入逐步加大,加上有关部门与社会教育相关的投入正逐年加大,但总体上依然严重不足。以江苏为例,半数以上的县、区社区教育投入经费低于人均2元;省级财政社会教育的总投入约为3 000万元,全省人均投入经费约为0.4元。作为东部沿海发达地区的江苏尚且如此,全国大部分地区的情况也必然不容乐观。由于缺乏统筹协调机制,政府各部门的投入也是各行其是,未能形成合力和整体效益。

五是教学有效供给严重不足,止于浅层。主要体现在部分地区的社会教育无论是从内容还是形式,都不能满足学习者的需求、基层社会教育管理和教学的要求,不少地方都存在一批精心制作的课程资源无人问津的现象。对社会教育效果的评价更多基于相对模糊的"参与率、满意度",缺乏科学有效的评价指标体系。此外,对社会教育相关学科的研究相对滞后。

综上所述,通过总结反思我国社会教育在这一时期的发展,可以得出以下结论。

首先,社会对教育的需求和技术的进步,使得教育的"开放性、社会化"特征日益显现。教育发展的历程表明,在自然经济形态下,教育必然是"师徒授受"模式;进入技术经济时代,随着工业化进程的加快,需要大量具备"特殊技能"的劳动者,教育必然呈现出从课堂教育扩展到学校教育的规模化特征;进入知识经济时代以后,现代信息技术的进步正越来越显著地改变着学校教育原有的课堂教学模式,极大地延伸了教育的触角,使得教育能够施行面向全体社会成员的教学活动。而这样一种社会化的教育形态,已突破了"社会教育是学校教育以外的一切教育的总和"的描述,学校教育已经成为"社会化教育"的一部分,并且作为社会教育的重要支点而存在。

其次,终身教育理念引领面向社会的教育变革。在传统教育理念下,人生被分为三个全然不相融的阶段:受教育期、工作期、退休期。而随着经济的发展和科技的进步,社会产业结构提升的速度加快了,这种快速的变化要求从业人员的职业技能转换进一步提速,而人们仅依靠在学校所受的教育已经远远不能适应社会(工作)的需求,要想"生存",获得谋生的职业,就必须不断学习、更新知识,这就是"学会生存"。由此,教育不再局限于校园、不再拘泥于某个年龄段,而应贯穿于人的一生。这一理念得到了许多学者的认同,正如英国学者巴西尔·耶克斯利所强调的,所有的生活资源与经验,都对一个人的教育起着直接的有意义的作用,教育确实是持续终身的。杜威也曾指出,一个人离开学校后,对他的教育并没有结束,学校教育最好的结果是,人人都倾向于向生活本身学习,并且创造生活条件,使得大家都能从生活过程中学习。陶行知先生则说得更为通俗明了:人的教育"出世才算破蒙,进棺材才算毕业"。终身教育理念的提出,一是对教育作出了全新的诠释,教育不再是人生的一个阶段,而应该贯穿于人的一生;二是促进了教育社会化的进程,并将教育活动扩展到人类社会生活的全部时间和空间,进而确立一种全新的教育形态;三是引发了教与学关系的变革,教育不是单纯的知识传授和技能培训,而是越来越体现人本精神,必将促进人的自由全面发展;四是突破了工业社会时代教育功利化的局限性,进一步丰富和提升了教育价值观,为全体社会成员的自我发展、自我完善提供了教育发展的理论引领。近100年来,终身教育理论越来越对世界各国、特别是西方发达国家的教育体制、教育结构、教育内容和方法产生了深刻的影响。在我国,如何构建社会化教育体系,整合各类教育资源,为全体社会成员提供学习支持,是教育供给侧结构性改革的重大课题,也是教育转型发展的现实需求。

再次,国家发展战略驱动社会教育的发展。发展社会教育最重要的政策驱动力是国家持续实施的科教兴国战略。教育是基础的理念已经深入人心。1999年,国务院批转教育部制订的《面向21世纪教育振兴行动计划》明确提出:实施"跨世纪素质教育工程",提高国民素质;实施"现代远程教育工程",形成开放式教育网络,构建终身学习体系;积极发展职业教育和成人教育,培养大批高素质劳动者和初中级人才,尤其要加大教育为农业和农村工作服务的力度。在第三次全国教育工作会议上,江泽民同志指出:"终身学习是当今社会发展的必然趋势。要逐步建立和完善有利于终身学习的教育制度"。《国家中长期教育改革和发展规划纲要》进一步确立了"构建体系完备的终身教育"的战略目标。其后,教育部等有关部门又相继出台了若干意见,2016年,《教育部等九部门关于进一步推进社区教育发展的意见》发布,国务院办公厅印发了《老年教育发展规划(2016—2020年)》。在这一时期,各地也纷纷出台推进全民终身学习的实施意见和《终身教育促进条例》《社区教育促进条例》等地方性法规,这标志着我国的终身教育、社会教育事业进入快速发展的轨道。进入新世纪以来,推进全民终身学习,构建学习型社会、学习型国家成为党和国家的重要战略发展方向。

最后,教育价值观的不断"进化"推动社会教育的发展。教育价值观对于整个教育活动起着深刻的导向作用,直接影响着教育的目的、内容、形式和方法,影响着教育的规划、结构、布局和体制。同时,基于人文主义与进步主义、应试教育与素质教育、自然价值与人文价值、秩序诉求与自由诉求、主体原则与客体原则、阶级性质与公共性质、冲突取向与和谐取向的不同,教育的价值观关乎经济、文化、社会的各个方面。

在教育发展史上,对应不同的经济时代,教育有着不同的核心价值观。在原始的自然经济形态下,中国古代"学在官府"的主流模式,令教育作为一项"特权"而存在,对于平民而言,教育是一种奢侈品;在技术经济时代,教育的市场化功能被放大,以就业为导向的功利性占据主导地位,从青少年的"不能输在起跑线上"到老年群体的发挥"余热",从个人、学校到社会层面,教育往往被视为一种"投资"手段;进入信息化社会之后,由于经济社会发展水平的提高和技术的进步,教育价值观正悄然发生改变,老年教育的兴起、特别是老年学历教育的"破冰之旅",标志着教育已逐步向人本回归,教育将越来越趋向于满足人的自身发展、完善的需求,越来越成为公众精神文化生活的"消费品"。

由此,无论是基于市场的教育需求,还是政府主导的教育供给;无论是基于理论的研判,还是实践的探索,当下教育发展的重点领域之一必然是社会教育。从供给不足的现实出发,改变学校的封闭结构,形成开放、弹性的教育体制,更好地面向全民终身教育提供教学支持服务,是教育管理部门乃至全社会面临的重大理论课题和现实任务。

四、社区教育发展的时代背景

社会教育是在"资本原始积累所带来的劳动问题与社会问题不断涌现"的背景下对于社会问题的一种解决方案。日本教育学家的这一观点,对于中国社会教育的发展也具有一定的借鉴意义。今天,我们面临着怎样的经济、社会问题？又应当如何提供基于教育的解决方案？

我国社会教育有着100年左右的发展历史,从以下三个维度比较分析百年前后的实践,既有助于我们加深对社会教育发展的重要性和迫切性的认识,又能够增强我们对于社区教育发展的时代背景的认识。

一是基于经济的比较。百年前后,我国从一个半殖民地半封建、民生凋零、落后的农业经济国家发展为经济繁荣、国内生产总值稳居世界第二的经济大国。人民生活不断改善,获得感大幅提升。不仅总体经济实力发生了翻天覆地的变化,而且生产要素、经济形态也发生根本的转变,知识、技术和信息已经成为经济发展的主要动力。

二是基于教育和文化的比较。百年前后,中国从教育资源绝对短缺、文盲充斥转变为普及九年制义务教育、职业教育快速发展,再到高等教育的大众化,甚至部分地区进入高等教育普及化阶段,教育事业全面发展,中西部和农村教育明显加强。图书馆、博物馆、艺术馆、电影院等各类文化设施的建设则从空白到覆盖城乡,公共文化服务水平不断提高,文艺创作持续繁荣,文化事业和文化产业蓬勃发展,形成了全覆盖的文化事业体系。

三是基于技术的比较。百年前后,我国从技术相对和绝对落后转变为全学科领域快速发展,甚至在若干领域获得世界领先地位。创新型国家建设成果丰硕,天宫、蛟龙、天眼、悟空、墨子、大飞机等重大成果相继问世。技术的进步,在促进产业转型升级、经济增长的同时,改变了人们的生活方式,创新了学习方式和教学模式,为全民终身学习提供了支撑。

综上所述,一个世纪的历程,令中国的经济社会发生了巨大的变化。而从社会教育发展的比较分析看,不难发现,我国的社会教育在走过了百年、经历了若干徘徊之后,已经进入一个新的、前所未有的发展机遇期。百年前后,其发展环境和背景貌似相悖,其实有相通之处,主要体现在以下几点。

第一,从开启民智到对各种思潮的正本清源。百年前,社会教育的作用很大程度上在于"开启民智",开展简易识字教育,提高公众的文化素质,引入西学,学习科学文化知识。今天,改革开放的国策和信息技术的进步,促进了全球范围内的思想和文化的交流,我国社会也就不可避免地会受到西方错误文化和思想的冲击,各种思潮鱼龙混杂、相互碰撞,会给社会公众带来一定的负面影响。社会教育必然承担着正本清源的使命。

第二,从学习西方文化到中华文化的复兴。百年前,经历了从鸦片战争到中日甲午战争的痛定思痛,政府和国人深感"一技一艺"之教育不足以救国,转而学习西方的制度、文化。今天,面对改革开放进程中逐步累积、日趋复杂的社会矛盾,弘扬中华优秀传统文化、确立社会主义核心价值观、建立社会主义民主政治,是开启中华民族伟大复兴伟大征程的基础条件和重要保证,而构建社会主义核心价值体系、振兴中华文化和文明,也就必然成为社会教育的中心任务。

第三,从实业救国到以人民为中心。百年前,基于政府视角的社会教育,旨在通过技术和文化的进步增强国力,以抗外侮,维护政权的统治地位。今天,社会教育的发展则是以人民的利益为根本取向,满足公众的社会需求,在技能、素质和休闲教育等方面提供服务和支持,体现的是以人民为中心的社会教育理念。

第四,从生计教育到争取人的自由全面发展。百年前,教育对于广大百姓而言是一种奢侈品,也是一种获取谋生技能的手段。今天,教育对于公众,是"投资",并正逐步转化为一种内在需求。特别是对于老年人群的社会教育,功利化倾向已逐步淡化。学习,正逐步成为一种生活方式。

虽然社会教育的环境改变了,但是,基于目标导向和问题导向,发展社会教育,尤其是社区教育,显得更加迫切和重要。

第二章　社区教育内涵分析

前文已经给出了一个学界认同度最高的社区教育的定义,但社区教育的理论纷争始终没有停止。虽然华东师范大学叶忠海先生等已有《社区教育学》等著作问世,但不少专家、学者们对于社区教育有学还是无学的问题仍持怀疑态度。诚然,一方面,"社区"的概念过于宽泛、教育对象不确定、教学内容模糊,另一方面也难免存在传统学校教育对社区教育的偏见。在社会教育的框架下,如何去解读社区教育这一概念,当然不能依靠超出社会教育系统的学校教育系统的理论。目前我国的社区教育和老年教育的实践,已经对自身的理论做出了有效的探索。

随着科学技术的不断进步、经济形态的快速转换,教育逐步从人类生活和生产活动中独立出来,教育"具象"成为学校,但生活中的教育依然存在,"生活即教育",而终身教育理论的产生已经带来了极其深远的影响。本书认为,终身教育理论是以个体生命的时间线展开的,社区教育是以群体生活的空间来区分的。事实上,除去极少数特殊人群及放牧期间的游牧民族,任何人都是社区的人。社区教育是一所大学校,它应该针对其内部不同人群的需求,提供不一样的教育。这种表述依然是模糊的,需要在理论和实践中做出进一步的界定。

由图 2-1 可以看出社区教育在我国教育体系中的位置。

一、社区教育的概念界定

社区教育,可以称作一个教育社区,或者说是一个以区划为单元的泛学习共同体。社区,首先是居民集中居住生活的准行政管理区域。社区居民委员会是该社区的居民自治组织,承担着根据基层党委和行政的要求、组织实施社区教育的职能。在市场经济条件下,原有的企业、事业单位和党政机关工作人员集中居住的情况正在逐步弱化。相对而言,在社区内部,分属于不同家庭的社区成员之间是平等的。但由于其年龄、学历、原居住地、职业及生存状态的不同,以及周边自然、人文、产业资源等诸方面的差异,不同社区的社区教育所能提供的教学资源和支持服务也会存在差异。

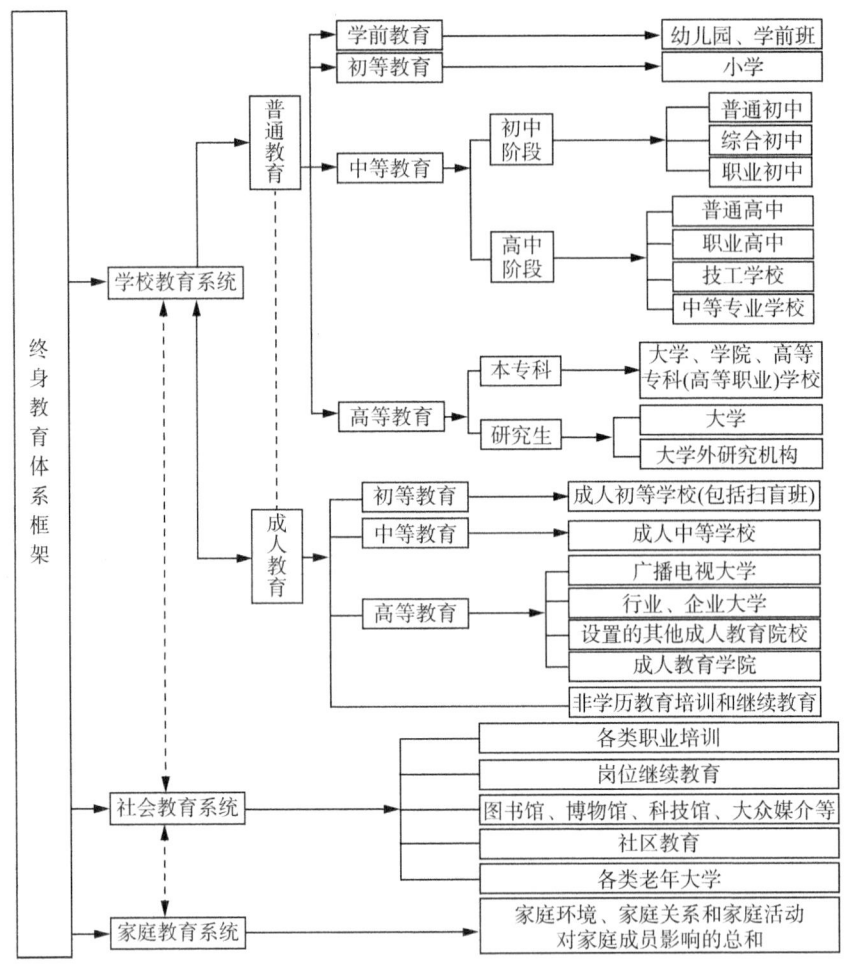

图 2-1　终身教育体系框架

其次,社区是特殊亚文化传承的区域。中华传统文化博大精深,区域亚文化纷繁多彩,人是社会的人,往往表现为人是特定社区的人。社区内的居民是文化的传承者、弘扬者,在乡村、偏远的少数民族地区尤其如此。不同的地区有不同的方言、不同的戏曲形式、不同的风俗和不同的生活习惯,而它们均在不同程度上影响着社区教育的教学内容和教学方式的供给,甚至当地的某个文化名人、历史人物、著名艺人、匠人都会对今天的社区产生较大的影响。

再次，社区是特定自然禀赋存在的区域。俗话说，靠山吃山，靠水吃水，民以食为天。生活即教育，仅从日常生活中的饮食习惯就可以追溯到产业结构、经济形态、交通状况等，本着需求引领的原则，这些必然影响着区域内社区教育的发展。

最后，社区是产业分布格局下的区域。无论是资源分布的影响，还是产业扩张的区域"连续性"，特定区域内势必存在重点行业和支柱产业，相关从业人员会相对集中，社区居民也会打上相应的印记，社区教育亦会受其影响。

虽然城乡二元结构已经得到了明显的改变，但是城乡社区之间的差异依然存在。从社区教育的视角出发，其主要表现在以下两个方面：一是生存状态的差异，根据国家统计局公布的数据，2023 年，我国城镇居民人均可支配收入为 51 821 元，农村居民人均可支配收入为 21 691 元。除了沿海发达地区和大中城市周边农村，其他地方农村人口的人均可支配收入远低于城镇人口。正因如此，党中央才提出要巩固拓展脱贫攻坚成果，持续深入推进乡村振兴战略。二是文化背景差异。城市是陌生人的世界，在同一社区内，居民之间相互不认识、无往来的现象比比皆是，凡事均须依法依规行事。乡村是熟人社会，基于地缘、居民之间的关系，或同宗同族，或沾亲带故，至少都是熟人。守望相助依然是乡村文化的主流，但遇事认亲不认理的现象也常常发生。

二、社区教育的性质特征

从教育的一般定义出发，社区教育是有计划、有组织的，旨在促进社区居民身心发展的社会实践活动。

从教育的视角出发，它区别于学校教育和家庭教育，具有显著的性质和特征。

其一，从教育对象看，它是全员的教育。人，都是特定社区的人，作为社区成员享有受教育的权利和义务。因此，它是促进教育公平、构建全民终身教育体系的教育，带有明确的公益性。

其二，从空间看，它是全域的教育，无论城乡，无论远近，教育的触角都可以不断延伸。

其三，从教育内容看，它包罗万象，涵盖古今，涉及人类生活的各个方面。

其四，从教学目标看，它有着巨大的弹性，并非以学科、专业知识为教学内容实施系统教学，而是以课程为单元的离散式教学，其价值取向并非"有效"，而在"有用"，教学活动不仅是单纯为今后的工作做准备，更是为未来美好的生活做准备。

其五,从教育的类型看,它是非正规教育甚至是非正式教育,教育即生活。

其六,其教学组织方式一般不采用课堂授课的方式,而是以社会实践——"活动性课程"为主。

其七,它的评价体系并非学校本位,也非社会本位,而是学习者本位。

由此,可以肯定的是,对社区教育而言,当下主流的学校教育理论虽有一定的借鉴意义,但总体而言已经失效,必须充分考虑到社区教育的非学校化的性质和特征。基于这样的特征,开展社区教育活动、推进社区教育的高质量发展,"技术流"重于"概念流",实践探索重于理论研究,生活教育重于知识传递。

社区教育是实现社区全体成员的素质和生活质量的提高以及社区发展的一种社区教育活动和过程。其对于促进经济发展、提升个体对于变革的社会的适应能力、推进社会建设有着十分重要的作用,对于人口老龄化背景下生命期任务的重新分配也起着积极的作用。随着经济的发展和技术的进步,无论是职业人群、老年人群还是青少年,对于知识、信息的依赖度越来越高,学习和接受教育不再是生活的准备,而是已经成了生活本身。

从社会学视角出发,社区教育是一种群体性的活动和过程。社区组织化程度相对薄弱,协作化水平比较低下,"有组织(单位)的成员在社区的无组织状况"成为常态,居民自治组织缺乏约束力,社区教育机构往往很难覆盖全部社区。事实上,农村社区居民虽然存在着地缘、血缘、劳动组织内部的关系,但由于结构和情境的障碍,就教育而言,缺乏有效的组织支撑;而生活在同一城市社区的居民,由于其来自不同的地区、从事不同的职业,只是因为选择住房而居住到一起,家住对门互不相识,"鸡犬相闻,老死不相往来"成为常态,而社区也很少为教育提供物理空间并组织教学活动。

作为一个实践领域,成人教育的发展在历史上与两种截然不同的运动联系在一起:一种关注社会变革或社会行动;另一种则强调个人和经济发展。这表明:社区教育的重要方向是解决对社会变革的适应,促进各类人群的"二次社会化",这就迫切需要解决群体学习的组织构建问题。

在当下社区教育的理论和实践中,有学者也用"学习共同体"来替代"学习组织"的概念,从自主学习、自发组织的角度看,"共同体"一词有其合理性,放在组织制度学和教育视域下,社区教育作为有组织计划、有教学目标的学习共同体,用"学习组织"概念更为恰当。

首先,社区学习组织是特殊的功能群体。进入工业社会以来,社会生产力飞速发展,社会分工也越来越细,社会生活和物理关系越来越复杂,为完成特定目标的社会组织迅猛发展。在社会这个不断进化的有机系统中,需要通过"专门化"的器官来实现对环境的适应。专门化对应于功能群体,这个功能群体就是社会组织。事实上,任何一个社会组织都对应着其特定的功能:政府——管理一个国家或区域;医院——治病救人;学校——教书育人;书法协会——以书法会友的交流平台;微信群——一群有特殊关系的人的交流平台等。而社区"学习组织",是以提供社区特定人群的需要和兴趣的课程的功能组织。值得关注的是:所谓"社区学习组织",其"社区"可能是现实的物理空间,也可能是网络的虚拟空间;其组织可以是正规组织,也可以是非正规组织。

其次,社区学习组织是积极的社会组织。党的十九大报告指出,要"发挥社会组织作用,实现政府治理和社会调节、居民自治良性互动"。2017年12月,《民政部关于大力培育发展社区社会组织的意见》指出,要发挥社区社会组织在提供社区服务、扩大居民参与、培育社区文化、促进社区和谐等方面的积极作用。目前,我国社区社会组织发展还难以满足社区居民需求。一方面,当前社区社会组织的数量缺口仍较大。据统计,目前我国共有各类社会组织近80万个,但活跃在社区的社会组织比例较低。另一方面,社区社会组织的服务供给与社区居民需求不完全匹配。学习组织的数量更为有限,且提供的内容、质量和支持服务远远不能满足居民多样化、多层次的需求。以课程服务为核心,培育社区学习组织,对于提高公民素质,提升社区的组织化程度、促进社区治理意义重大。

再次,社区学习组织是相对松散的组织。这种松散,包括约束力的缺乏和组织文化的缺失。一个组织不只是一系列产品和服务的结合,它同时也是人文团体。许多时候,这类学习组织的成员往往会因各种原因迟到、早退或缺课。所以,它比其他组织、特别是学校的班级组织更难以"驾驭"。无论是在现实还是在虚拟社区,这类学习组织必定需要有合适的组织构架,并着力建立其文化内核。除了提供优质的课程,社区教育的组织者还应着力营造学习场所显在的组织氛围和温馨之"家"的环境。

最后,社区学习组织是需要引领建设的组织。由于"读书无用论"的错误影响,以及经济活动中出现的种种弊端,教育在促进社会阶层流动中的作用日趋弱化,我国的人均年读书量远远落后于西方发达国家,学习还远远没有成为社会公众的自觉行动。因此,社区学习组织仅仅依靠自发形成,不仅在数量上是远远不够的,而且在学习内容、目标上也会有所偏差。推动社区教育发展,必须采取有力的政策措施,积极引领,从而真正推动学习组织和学习型社区的建设。

社区教育对于学习组织的建设有着极大的推动作用。党的十九大提出要发挥社会组织作用,实现政府治理和社会调节、居民自治良性互动。而社区学习组织的构建尤其重要。在日常生活中,"组织"一词往往是作为政治概念而为公众所熟知,一说到建立组织,常常会被误读。组织,从广义上说,是指由诸多要素按照一定方式相互联系起来的系统;从狭义上说,是指人们为实现一定的目标,互相协作结合而成的集体或团体。有人的地方就有组织,我们每个人都是存在于一定的组织之中的。所谓"人以群分",群即组织。

在人类社会早期,初级社会群体是以血缘为纽带的原始群体,血缘家庭以及出现的以地缘关系为纽带的村社等为初级社会组织。社会分工的出现,阶级的逐步形成,社会关系、社会活动日趋复杂,为适应社会成员的需要,超越血缘、地缘关系的社会组织逐步出现并发挥作用,正规或非正规的组织无所不在。这里所说的"学习组织",是指由教师、学习者、支持人员、课程共同构成的组织。社区学习组织的目标在于推动个体在群体中的学习并达成各自的学习目标。

社区教育"学习组织"的外延是极其宽泛的。从广义上说,当来自社会组织的"触角"可以延伸至社区,并为社区内的公众学习提供服务支持时,由此建立起的教育体系就是一个社区学习组织。从狭义上说,社区教育"学习组织"是以课程为核心,所形成的教学及其支持要素构成的一个集群。而仅由学习者自发形成的学习团队,是基于全民学习背景的"学习组织",而非社区教育的"学习组织"形式。

社区教育学习组织的建设也应从广义和狭义两个方面来进行。广义的社区教育学习组织的建设,是采用政策性举措,动员各类社会组织,参与社区教育。《教育部等九部门关于进一步推进社区教育发展的意见》明确指出,要"推动形成党委领导、政府统筹、教育部门主管、相关部门配合、社会积极支持、社区自主活动、市场有效介入、群众广泛参与的社区教育协同治理的体制和运行机制"。相关部门配合、社会支持,就是要引领和促成各类政府和非政府组织积极服务于社区教育。狭义的社区教育学习组织的建设,是指社区内的以课程为核心的有着具体目标的功能群体,它是在社区教育形成基本的外部环境以后,通过孵化和培育的"新生"组织。

三、社区教育的主要任务

社区教育是一种基于小地域而又极具包容性的教育形式。教育的根本任务是育人,即提高个人的素质。我国当下的教育表现为以能力为本位、以选拔为主要手段、以应试为主要内容的精英教育,忽视了社会各阶层民众整体素质的提高,在一定程度上阻碍了国家的发展。马丁·路德金曾说过:"一个国家的繁荣,不取决于它的国库之殷实,不取决于它的城堡之坚固,也不取决于它的公共设施之华丽;而在于它的公民的文明素养,即在于人们所受的教育,人们的远见卓识和品格的高尚,这才是真正的力量所在。"这句话反映出公民素质的提高对于国家和社会的重要意义。

从何处入手开展社区教育活动,是业内新手普遍面临的问题。《教育部等九部门关于进一步推进社区教育发展的意见》对此作出了明确的阐述。

第一,"大力发展老年教育。将老年教育作为社区教育的重点任务,结合多层次养老服务体系建设,改善基层社区老年人的学习环境,完善老年人社区学习网络。建设一批在本区域发挥示范作用的乡镇(街道)老年人学习场所和老年大学。努力提高老年教育的参与率和满意度"。

第二,"积极开展青少年校外教育。推动实现社区教育与学校教育有效衔接和良性互动。社区教育机构要紧密联系普通中小学、青少年校外活动场所、社会组织等,充分利用社区内的各类教育、科普资源,开展校外教育及社会实践活动,为青少年健康成长提供良好的社区教育环境。开展形式多样的早期教育活动,有条件的中小学、幼儿园可派教师到社区教育机构提供志愿服务。充分发挥共青团、少先队组织在青少年校外活动和社区教育中的作用"。值得注意的是,对青少年的校外教育不是增加额外课业,而是全方位的素质拓展。

第三,"广泛开展各类教育培训。主动适应居民实际需求,有针对性地开展法治社会、科学生活、安全健康、就业再就业、创新创业、职业技能提升等教育培训活动。积极面向学生家长开展教育理念、教育方法等方面的家庭教育指导。重点面向城镇化进程中的失地农民和农民工,积极开展职业技能、思想道德、民主法治、文明礼仪、生活方式等方面的教育培训,通过社区学习与交流活动,增强社区归属感和认同感,加快其融入城镇社区生活的进程。重视弱势人群提高生存技能的培训,积极为社区各类残疾人提供学习服务"。

第四,"重视农村居民的教育培训。各级各类学校教育资源要向周边农村居民开放,用好县级职教中心、乡(镇)成人文化技术学校、开放大学、广播电视学校、农村致富技术函授大学和农村社区教育教学点。结合新农村和农村社区建设,有效推进基层综合性文化服务中心、图书馆、文化馆、博物馆、农家书屋、农村中学科技馆等资源共享,提升农村社区教育服务供给水平。广泛开展农村实用技术培训和现代生活教育培训。大力开展新型职业农民培训。加强农村居民家庭教育指导,为农村留守妇女提供社会生活、权益保护、就业创业等方面的教育培训。重视开展农村留守儿童、老人和各类残疾人的培训服务"。

开展社区教育活动,需要对社区教育的繁重任务加以梳理、细分、归类,建立各项任务之间的有机联系,寻找最小公倍数与最大公约数,将复杂的问题简单化,建设一些共享性课程,鼓励老少同学;将碎片化的教学内容有机融合,建设复合性课程,活跃教学过程,提升教学效果,争取教育效益的最大化。

在实践中,社区教育机构在政府目标和公众需求之间大可以"放弃自我""无为而治""随波逐流";配合党委组织部门开展中华党员教育,引领党员在社区建设中发挥先锋模范作用,在社区教育中发挥骨干作用;配合党委宣传部门开展社会主义核心价值观教育、宣传党的方针政策、开展时事政治教育;配合民政部门开展居民自治教育,提高居民的自我管理能力和水平;配合文化部门开展中华优秀传统文化教育,发掘和传承区域传统文化;配合体育部门开展群众性体育教育,活跃社区体育活动,促进全民健身;配合卫生健康部门开展卫生健康、家庭急救和防疫安全教育,促进健康中国建设;配合公安部门开展生命、财产、网络安全教育,建设平安家庭、平安社区;配合工信部门,聚合企业,开展家电维修到社区活动,服务千家万户……

俗话说,"上面千条线,下面一根针",居民社区如果是那根针,社区教育就要努力当针尖,不仅是为党政部门做"代工",更是履行自己的使命,在一系列的"代工"活动中,主动融入教育教学元素,从而实现社区教育的目标和价值。

四、社区教育的教学要素

教学要素是支撑教学活动不可再分、相对独立的元素。构成教学活动的要素确实是多侧面、多层次的,教学要素之间又是相互联系、相互作用的。众所周知,在学校教育框架下,教学要素有经典的三要素说,即教师、学生和教材(有时也叫课程教材、教学内容等)。在这个传统"三要素"框架中,有两个人本要素,即教师和学生。人本要素处于双重主体地位。

另一种"三要素说"是指人员、信息、物质。在这样的教学要素理论中,物质要素已经不再局限于经典三要素中的"教材",而是得到了进一步的扩充。随着教育的发展、教育规模的扩大,"三要素说"中的"人员",已经不单指教师,相应地也有了一些管理人员,包括政府管理教育的部门官员、学校的管理人员(尽管在早期可能是兼职的)等;"信息"主要指教、学双方传递的教学内容;而"物质"则可以延伸到办学的物质条件,如校舍、教学设施等。

此外,"四要素说"认为,"教师、学生、教学内容和教学手段构成了教学过程中不可缺少的基本因素";还有由"教师、学生、教材、工具、方法"组成的"五要素说";"六要素说"则是指"教师、学生、教学内容、教学工具、时间、空间";后来又有"七要素说",即"学生、教学目的、教学内容、教学方法、教学环境、教学反馈和教师"。关于教学要素的分类可以说是众说纷纭,莫衷一是。

但不管如何分类,依据我国教育发展的进程,我们可以得出这样的结论:教学要素随着教育的发展而变化,并在不断增加;依据不同的方法,可以有多种不同的教学要素分类。

分科教育不仅是教育科目数量的变化,同样也蕴含着教育形态的变化。到隋唐时期,我国古代教育已经有了专科教育的雏形。中央政府设立专门的教育管理机构,配备专门的管理人员,这是教育人本要素的变化。同时,由于分科教育,一些专科教学(如太医署的医科、按摩、针科等)需要实验和相应的教学设施,这又使得教学要素中的"物质"因素发生了重大的变化。

高等教育发展到近现代,教育要素在"人员、信息、物质"三个维度上都得到了前所未有的发展,在人员类中包括:教师、管理人员、技术人员、教学辅助人员、教学设计人员、后勤人员等;在信息类中依据其不同的载体分为:印刷教材、文本教学辅导材料、电子教学材料(如广播、电视、VCD、光盘、录像带、录音带、视频、AI生成的教学材料等)等;物质类包括校舍、各类教学设施(甚至包括卫星电视、网站等)。

上述所分析的只是教学要素中的实体性要素,除此之外,还有时间、空间,以及要素间的相互关系等附着要素。附着要素有时是整合的结果,对于教育的发展也起着重大影响。在教育发展的进程中,随着模式的改革,支撑和维持教育活动的要素也在不断发展变化、扩展。

虽然对要素的表述可能不尽完整、准确,但是学校教育的教学要素仍然是可列举的,而社区教育则是全要素的——我们身边的任何事物都可能成为社区教育教学过程中的某种要素。田野、山间是课堂,一幢建筑是教具,一次游览就是一堂课,一场演示展览就是课程考核……事实上,无论何种事物,都可以融入社区教育的课程,成为教学要素。

为避免社区教育概念的泛化,我们不妨对其要素进行分类,分为实体性要素、附着性要素、外部环境要素等。以区域为单位,建立诸多要素的整合机制,方能保障社区教育的健康持续发展。

随着教育的发展,教学内部和外部因素的整合日趋重要。教学要素既可以是教育内部不可再分而又彼此相对独立的元素,也可以是某些元素的有机组合。

回顾我国教育发展的历程,一部教育发展史就是一部教学要素不断扩展的历史。随着教学要素的不断增加,要素间的整合就显得尤为重要。所以讨论教学要素不只是研究其数量的增加,更要研究各要素之间的内在联系。

我们把"物化"要素视为主体性要素,把时间、空间以及对要素的分析与主观认识视为附着要素,把文化、政策、地理地貌等视为环境要素。这样不仅可以由内而外地讨论"教学要素"的整合利用问题,同时也有利于我们更好地认识和把握教学活动中的主客体关系。

时间与空间是否为教学要素？在传统教育模式下,这个条件作为显而易见的问题却往往被忽略了。而在社区教育环境下,这是一个十分敏感却又必须解决的问题。

任何形式的教学活动都在一定的时间和空间内进行,时间和空间是不是教学的要素呢？从客观的角度看,它们都是教学要素。要素是构成事物的必要因素。从必不可少的角度看,时间、空间自然也是教学活动的必要因素。这个因素将影响着教学设施建设、影响着教学模式。

此外,在传统的教育理念中,员工和师生相比,师生是更基本的要素。但随着教育发展的进程,教师这个最基本的人本要素在教学要素"群"中所占的比重呈明显下降趋势,教师甚至"从教育的台前退到了幕后"。诚然,教学的基本出发点是:人类已积累下来的文化科学知识和生活经验不断延续和发展,进而促进人类自身的不断发展。在教育规模扩大、教学模式发生变化之后,除了教师,专职的行政人员、管理人员和一些勤杂工人也成为教学要素。同时,在社区教育模式下,管理人员、技术人员、教学设计人员以及教学演示人员所起的作用也是教师所无法替代的。

教学从个体化、班级(学校)模式逐步扩展到社会化模式,在这一过程中,教学要素不断增加,教学规模也不断扩大。此外,所有教学要素都围绕着教学这个中心环节进行整合。相应地,我们就要讨论一些附着要素,如教学目的、教学规律、教学原理等。

从依据经典的教学"三要素"而开展最基本的教学活动开始,也就有了朴素的教学目的。在教学活动的进一步开展过程中,政府、教师或教学理论工作者会提出明确的教学目的。隋以来直至清末,古代教育的目的主要就是培养封建官吏,并通过科举制的形式,使士子按"学而优则仕"的路子成为官吏；近代高等教育逐步确立了技术职业教育的目的,如洋务学堂的培养目标就是造就各项洋务事业需要的专门人才；清末，王国维则提出了"德、智、体、美"并重的教育宗旨；民国初期，蔡元培提出了军国民教育、实利主义教育、公民道德教育、世界观教育、美感教育"五育"并举的教育方针；新中国的高等教育则明确了"德、智、体全面发展的有社会主义觉悟的有文化的劳动者"的教育方针；改革开放以后，又将教育目标定位为造就"有理想、有道德、有文化、有纪律的，德、智、体、美等全面发展的社会主义事业的建设者和接班人"。教学目标是学校教育的总体框架，在宏观上制约着学校的教学活动。

除此以外，教学规律、教学方法也是教学要素。与教学目标不同的是，教学规律有赖于人们去探索发现，教学方法不能作硬性规定，对不同的教学内容和教学对象应当有不同的教学方法。它们都不能像教育目标一样去制定或确定。属于附着性要素的还有教学过程、教学本质、教学原则、教学设计、教学评价、教学管理等。

只有对教学要素进行梳理，了解教学过程中各要素之间的关系，建立最佳匹配方案，才能更好地设计和改进教学活动。在教学要素的扩展中，我们不难发现这样一个事实：众多的要素在支撑教育教学活动的同时，又成为制约教育发展的因素——任何一种要素的欠缺都将使得教学活动难以为继。特别是在社会化教育的模式下，教学活动带有显著的工业化大生产的特征，由此，教学要素之间的整合也就十分迫切。

教学要素的整合，是把"相对独立"的要素彼此衔接，从而实现各要素之间的协同和匹配，以谋求效益的最大化，并形成教学活动的最佳效果。

整合，是科学的资源配置。教学要素是由资源构成的，对教学要素的整合就是基于微观层面的关于教学资源的配置过程，任何一种要素的冗余或短缺都是对其本身或其他要素的一种浪费。

整合，是有效地统筹协调。建立各要素之间的有机联系，形成一个闭合的系统，并保证系统的健康运行。

整合，应追求效益最大化。依据学习者、学习内容、学习方式的最佳匹配，合理地调动相关教学要素，保证学习者在教学活动有获得感和满意度，是整合的基本出发点。

整合，应体现个性化特点。基于不同的教学内容、不同的学习者，整合教学要素的策略不尽相同。比如：实践性教学活动的重点支撑要素是有操作经验的教师；开展户外的学习活动时，必须加大管理人员的配置；开展网上学习，首先要有足够的硬件设施（计算机）；等等。

整合，不仅体现在教学实践活动中，还体现在对全要素的整合上。发展社区教育并非只是教育、民政部门的职能，而是全社会的共同责任。在发展社区教育过程中，要注重对实体性要素的整合。实体性要素一是人本要素，即教师和学生，但在社区教育模式下，基于"能者为师"的理论和实践，师生关系往往出现转换，这也正是社区教育的魅力所在；二是信息要素，即学习内容及其载体和相应的辅助材料；三是场景要素，即实施教学活动的场所及学习环境的营造。把三类实体性要素融为一体的活动就是教学设计。

五、社区教育的社会参与

全要素的教育需要全社会的共同参与。尽管社区教育的定义有所差别，但人是生活在社区中的，所以，社区教育是面向人人的教育。由于人们对社区教育的需求是全方位的，因此，在一定意义上，所有的社会资源都可能成为社区教育的教学要素。事实上，在具体的教学活动中，似乎与教育风马牛不相及的事物都会影响教学的效果。

阳光、空气和水，会影响社区教育吗？

答案是肯定的。因为下雨，一次户外的教学活动不得不取消；因为严重的雾霾，参加学习的人数骤减；因为一方清泉，水边的空地成了居民集中学习的场所……

人是自然环境中的人，也是社会环境中的人。既然教育是促进人的身心发展的社会实践活动，那么世间万物都有可能影响社区教育教学活动的开展。也正是在这个意义上，社区教育是一种全要素支撑的教育。从教学要素的梳理延伸开来，审视社会教育或作为其重要实践形式的社区教育，"全要素"的启示在于社会教育需要全社会的共同参与。2016年，《教育部等九部门关于进一步推进社区教育发展的意见》中明确指出：要"整合社区教育资源"，"开放共享学校资源""统筹共享社区资源""充分利用社会资源"，"推动形成党委领导、政府统筹、教育部门主管、相关部门配合、社会积极支持、社区自主活动、市场有效介入、群众广泛参与的社区教育协同治理的体制和运行机制"。

如果机械地解读社会教育，也可以将其分类为社会德育、社会智育、社会体育、社会美育等。事实上，从事这类教育的机构也是存在的。民国时期，鲁迅先生曾就任教育部社会教育司二科科长，其主要任务就是利用博物馆等场所开展面向国民的社会教育工作。今天，我国许多体育场馆配备社会体育指导员，文化馆、群众艺术馆也设置了宣传推介岗位，党委宣传部门更是肩负着宣传、引导、教育的使命。因此,推动社会教育发展是全社会的共同责任。社区教育机构充分发掘、整合、利用各类资源为社区居民服务理所应当,义不容辞。

由此,社区教育关乎社会各个方面,从党委、政府到企事业单位,直至全体社会成员,都是教学要素。不同于学校教育模式下对教学要素的讨论,在社区教育模式下,各类社会组织是最活跃的教学要素之一:它可以成为办学主体,为社区教育提供课程、师资、场所等;它可以成为学习体验基地和实践教学基地;它可以成为新技术、新产品的推广科普基地;等等。

基于"学校教育、家庭教育、社会教育"的三分法,人们总是把学校教育和社会教育并列和分立,这种分立的本质是将学校视为游离于社会"红尘"之外的"一方净土"。事实上,各类学校、特别是高等学校应该成为推动社区教育发展的重要力量。世界各国开展成人教育、社区教育的历史表明,高等院校参与社区教育的理论源自以下多个方面。

社区教育作为社会教育的重要组成部分,是对学校和家庭教育不足的补充。我国社会教育学者谢荫昌认为,社会教育是"为已卒业于家庭、学校之教育者,认为国家之一员,以而补习的施以种种之教化,维持其家庭、学校教育之结果,且益发展之"[①]。梁漱溟先生认为大学教育与社会教育不可分:"正唯传统学校教育有所不足,或且日益形见其短缺,乃有今日之所谓社会教育起为补救。"[②]事实上,开展社会教育或社区教育的目的,在于弥补大学教育的缺陷,扩大教育对象、拓展办学服务空间,以满足社会公众对教育的需求。教育社会化和社会教育化的趋向,都使得大学不可能再囿于校园。

当代终身教育理念的提出,特别是在我国构建现代终身教育体系的社会背景下,服务全民终身学习,为广大社会成员提供教学支持服务已成为高等院校的必然使命。《学会生存——教育世界的今天和明天》一书指出:高等教育的扩充应导致广泛地设置许多能够满足个人与集体日益增长的发展需求的高等院校[③],即高等教育应向全社会开放。无论是"教育即生活",还是"生活即教育",都阐明了时代的发展已经使学习越来越成为公众的生活方式,各类学校理应成为促进社会教育的重要支撑。

不同的学校服务社会教育的职能会有各自不同的定位。以高等学校来说,

---

① 谢荫昌.社会教育[M].上海:商务印书馆,1913:2-3.
② 梁漱溟.社会本位的教育系统草案[J].教育与民众,1933(5):2.
③ 联合国教科文组织国际教育发展委员会.学会生存——教育世界的今天和明天[M].北京:教育科学出版社,1996:242.

研究型高校可能会偏重于社会教育教师和管理人员的专业化发展,偏重于高等教育理论向社会教育理论的迁移,致力于以先进而具有实践性的理念去引领社会教育,包括诸如举办社会教育(社区教育、成人教育)专业硕士、博士层次的教育,举办高层次管理人员研修班,组织开展理论研究和参与区域社会教育发展规划的制订等。

无压力的学习需要更为优质的教学资源。无论高校的专业设置如何,在社会教育的舞台上,总可以找到基于自身优势和特色的服务领域。教学研究型高校可能偏重于课程开发和教学设计、优质教学资源的建设与共享,提供独特而有效的教学支持服务方式,以推动公众高水平地学习。

社会教育资源相对短缺,因此需要配备相对应的教学支持服务。应用型高校、特别是高等职业院校会更加直接服务于技术人员的培养、培训,以适应产业转型升级的要求;广播电视大学则应发挥其自身的办学优势,着力于社区教育和老年教育,以大力提高国民的基本素质为己任,满足公众在精神文化和生活生产方面的教育需求。

大学的出现无疑是社会进步的标志。历史表明,教育的变革、社会的进步,都有大学作出的重要贡献。在推进社会教育发展的进程中,大学往往承担着"领头羊"的角色。我国社会教育的源头之一,也正是大学师生走出校园,到城乡去开展民众教育。从普及科学知识到提升生活技能,从倡导健康生活方式到移风易俗,从促进民生到满足人的发展,大学都可以并且应该在其中担任重要角色。

教育,是在学校内外开展的有目的、有计划、有组织的教学活动。"教育的目的在于形成一个人的人格、才能、技巧和道德品质。"[①]良好的教育制度,在于营造"人人皆学、处处能学、时时可学"的环境和条件,并让有能力、有知识的人,都有机会将能力和知识传授给他人,所有人都有机会表达自己的见解和观点。每一个社会成员既是教育者,也是受教育者。

社区教育是一种全要素的教育,在其发展的过程中,无论是政府组织、非政府组织,还是正规组织和非正规组织,抑或实体组织和虚拟组织,都可从自身的组织功能出发,瞄准公众的教育需求,提供积极有效的教学支持服务,从而达成"加快建设学习型社会,大力提高国民素质"的目标。

---

① 联合国教科文组织国际教育发展委员会.学会生存——教育世界的今天和明天[M].北京:教育科学出版社,1996:26.

第三章　社区教育组织运行

教育部明确要求,各地要加强组织领导,推动形成党委领导、政府统筹、教育部门主管、相关部门配合、社会积极支持、社区自主活动、市场有效介入、群众广泛参与的社区教育协同治理的体制和运行机制。社区教育是面向全民的全要素教育,既需要社会各方面的大力支持,也需要社区教育各级各类机构的同心协力构建。进入新时代以来,我国覆盖城乡的社区教育体系已经初步形成,2016 年《教育部等九部门关于进一步推进社区教育发展的意见》实施以来,我国社区教育的体制和运行机制得以逐步完善。内容丰富、形式多样的教育活动吸引了越来越多的城乡居民参与学习,居民对社区教育的知晓率、获得感也得到了明显的提升。

在实践中,推动一个区域的社区教育,首要的任务是构建组织体系。目前,我国的社区教育组织架构,主要是依托全国开放大学系统建立的。

在省级及以下初步形成了如图 3-1 所示的社区教育组织形态图。

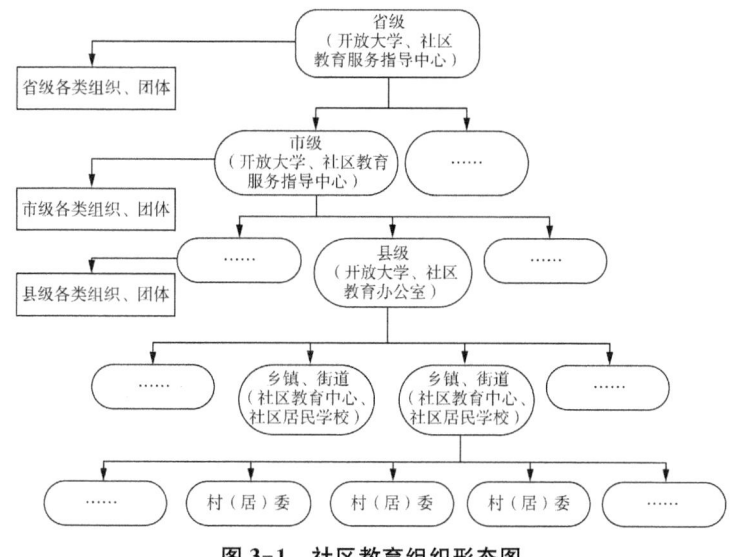

图 3-1　社区教育组织形态图

前文关于社区教育概念、课程的讨论,指出了社区与社区之间的差异性,建立社区之间的业务联系、全面推进社区教育的高质量发展,必须依靠这一覆盖全国的社区教育组织架构。

一、组织架构建设的背景

《教育部等九部门关于进一步推进社区教育发展的意见》对社区教育对资源的整合提出了明确的要求:一是开放共享学校资源。鼓励各级各类学校充分利用场地设施、课程资源、师资、教学实训设备等积极筹办和参与社区教育。二是统筹共享社区资源。注重社区教育机构与城乡社区综合服务中心(站)、社区文化中心等机构的资源共享,拓展社区综合服务中心(站)的社区教育功能,推动社区教育机构与社区综合服务中心(站)设施统筹、信息共享、服务联动;充分利用社区文化、科学普及、体育健身等各类资源,发掘教育内涵,组织开展社区教育活动,实现一个场所、多种功能,促进基层公共服务资源效益最大化。三是充分利用社会资源。提高图书馆、科技馆、文化馆、博物馆和体育场馆等各类公共设施面向社区居民的开放水平;鼓励相关行业企业参与社区教育;引导一批培训质量高、社会效益好的社会培训机构参与社区教育;探索开放、可持续发展的资源共享模式,不断扩大社区学习资源供给。

实现上述目标,需要建立由党委领导、政府统筹、各方参与的协调机制。在实践中,一些地方通过成立社区教育领导小组、建立由政府相关职能部门参加的联席会议制度或设立社区教育办公室等统筹协调形式积极响应政府政策。

教育部《关于办好开放大学的指导意见》强调,开放大学必须"坚持开放办学,服务全民学习","坚持面向基层、面向行业、面向社区、面向农村,广泛开展职工教育、社区教育、老年教育、新型农民教育和各类培训,突出人才培养特色和学校办学特色"。江苏等地省级人民政府在制定开放大学建设方案时,明确要求开放大学应在社会教育领域发挥骨干作用和领军责任,充分发挥县级职业教育中心(大多与县级开放大学合并办学)、广播电视学校、科普学校在农村社区教育中的骨干和引领作用,加快乡镇成人文化技术学校的转型发展,鼓励其成为农村社区教育的重要载体,推动普通中小学有序向社区居民提供适宜的教育服务。各地基于开放大学系统办学的特点,形成了以开放大学为骨干的社区教育组织架构。

二、各级各类机构职能

从中央政府相关行政部门到基层社区居民学校,各个层级各类社区教育的机构都有各自的职能和任务。《教育部等九部门关于进一步推进社区教育发展的意见》明确：国家"教育行政部门要把开展社区教育纳入教育发展整体规划，主动联系有关部门，牵头做好社区教育发展规划、相关政策的制定和完善工作，建立目标责任和考核机制，确保社区教育改革发展目标落实到位；民政部门要把社区教育作为街道管理创新、乡镇服务型政府建设和城乡社区建设的重要内容，纳入城乡社区服务体系建设规划；财政部门要结合实际，逐步加大对社区教育的支持力度；人社部门要加大对社区教育的支持力度，并结合工作实际，充分发挥社区教育在职业技能培训中的重要作用；文化部门要通过公共文化服务体系为社区教育提供必要支撑；科技部门要将《科普法》《全民科学素质行动计划纲要》的实施及国家科普能力建设与开展社区教育工作紧密结合起来；体育部门要将《全民健身计划纲要》的实施与开展社区教育工作紧密结合起来。鼓励建立社区教育联席会、理事会或社区教育协作会等制度"。

在推动社区教育的发展实践中，省级及以下社区教育相关机构及其主要职能包括以下几点。

一是省级开放大学和社区教育服务指导中心。省级开放大学负责协调全省开放大学系统的社区教育工作，主要包括贯彻落实省委、省政府及教育行政部门的工作部署，制定开放大学系统社区教育总体规划和实施方案，组织开展教学资源开发、办学基地建设，组织开展师资、管理干部培训，协调社区教育教师队伍建设，组织开展社区教育理论和实践研究，建设社区教育网络平台，引导开展线上社区教育活动，汇总和反映社区教育工作动态，组织开展相关的项目和课题评审、督查和验收等，组织参与国家开放大学、国家老年大学的相关活动，开设示范性、实验性课程，直接面向周边社区居民提供教学支持服务。省级社区教育服务指导中心一般挂靠在开放大学，受教育行政部门委托，协调全省社区教育资源共享、师资及管理人员培训、社区教育教学成果展示等。

二是市级开放大学和社区教育服务指导中心。市级开放大学一般与社区大学合并办学，共同作为老年教育的办学实体，负责本地社区教育工作计划的制订和具体实施，并对区域内开放大学系统的社区教育工作进行业务指导。主要职能包括整合共享教学资源，协调队伍建设，组织开展区域性的教学研讨、项目建设及教学成果展示，面向周边地区居民开展社区教育和老年教育等。社区教育服务指导中心一般挂靠在开放大学，受教育行政部门委托，协助开放大学协调区域范围内的社区教育工作。

三是县级开放大学和社区教育办公室。县级开放大学与社区学院合并办学,为社区(老年)教育的基本办学实体,主要职能有:组织制订社区教育工作计划并具体实施,对区域内的社区教育工作进行业务指导;整合利用区域内各类教育资源,组织开发区域性课程,协调各方建设社区(老年)教育教学基地,组织开展工作交流和教学研讨,统筹师资力量,推进本地社区教育活动的开展。社区教育办公室挂靠开放大学,受教育行政部门委托,配合开放大学协调本区域社区教育各项工作。

四是乡镇、街道社区教育中心和社区居民学校。乡镇、街道社区教育中心和社区居民学校均为社区(老年)教育的办学实体。在推进全民终身学习的背景下,它们是社区教育办学的主体力量和服务终端,其职能就是办好学校,创设人人皆学、处处能学、时时可学的条件和环境,特别要注重乡土课程的开发,吸引广泛的城乡居民参与社区教育,满足其精神文化需求,促进和谐社会建设。乡镇、街道教育中心负责本区域社区教育工作方案的制定和实施,并指导所属区域居民学校的社区教育业务工作;居(村)民学校开展社区教育活动应主动接受社区自治组织的指导。

讨论组织架构及其职能问题,目的就在于把握谁建设课程、建设什么样的课程和怎样建设课程的问题,主要包含两层含义:一是谁需要这样的课程,二是谁能够建设这样的课程。显然,这两层含义在具体实践中往往会产生矛盾。解决这一矛盾,必须动用系统的力量,表明社区教育的课程建设应该有相对明确的分工,以避免资源浪费,保证课程建设质量。

基于各级各类社区教育机构的职能分工,它们各自的工作既有共性,也有个性,表现在课程建设方面,各自的侧重点有所不同。不难看出,省、市两级的社会教育机构在课程建设方面的主要任务是建设通识性、普适性课程,借用高等教育课程的分类方法,亦可称其为"基础课"。这类课程内容一般以传统文化、时代精神、生活类课程为主,虽然可利用的资源十分丰富,但建设方法多是协调、梳理、整合和改造,新建资源占比不高。对于县级社区教育机构而言,在课程资源建设方面的任务是艰难而繁重的。基于区域的经济社会发展水平、文化传统和审美倾向,以及居民的生存状态,简单的"拿来主义"难以适用,一方面,通识性课程往往会"水土不服",需要加以改造;另一方面,区域的特殊性使学习者有着特殊的需求,特殊的自然禀赋和人文环境也完全可以支撑乡土课程的建设。在这种情况下,自主建设课程就成了影响社区教育效果的关键因素。

乡镇、街道的社区教育中心的课程建设,主要在于本土化改造,或整体改造,或加入本土化"碎片",使其融入当地百姓的生活。在厘清课程建设职责之后,各自面临建设任务时,问题也就随之出现了:从其自身的能力(包括师资水平和经费等)出发,越到基层难度越大,建设一门高水平的课程往往困难重重,一些课程的建设对于某些地方社区教育机构而言,很难实现。由此,需要启动市级乃至省级社区教育的协同机制。

在课程建设方面,基于需求导向的原则,这种需求可能是特定的教学内容,也可能是特殊的知识传递方式或教学组织形式,因此,协同机制的运行一般是自下而上的:课程建设的要求从社区到汇集到乡镇(街道),由乡镇(街道)社区教育中心进行筛选,将其无力建设的课程(项目)报送至县(区)级开放大学(社区学院),再经社区学院筛选后报送市级开放大学(社区大学),如此层层筛选报送,最后经调研、论证、区域统筹后,根据建设条件和能力,对本级建设项目进行分级和排序,确定建设计划。最后自下而上,形成乡镇(街道)、县、市、省级课程建设目录。相应地,各级社区教育机构将课程建设任务纳入阶段性工作目标,落实经费,并按照管理制度和规范组建课程建设团队。

三、社区教育师资建设

教师是教学活动中最关键的要素,也是最重要的人本要素之一。社区教育的教学以教师为主导、学习者为主体。建设一支高素质、多元化的师资队伍是推进社区教育持续高质量发展的基础。

(一) 教师队伍建设要求和现状分析

2013年3月,教育部职业教育与成人教育司发布《关于印发〈社区教育工作者岗位基本要求〉的通知》(以下简称《要求》),分别对社区教育管理人员和专职教学人员提出了岗位基本要求,明确"社区学校专职教学人员应具有大学专科(含)以上学历(或相当学力);社区教育中心(社区学院)专职教学人员应具有大学本科(含)以上学历。持有相应的教师资格证书"。其基本素质包括:

①具有良好的思想政治素质和职业道德,践行社会主义核心价值观;热爱社区教育事业,具有职业理想和敬业精神;树立"学习者为本,师德为先"的理念;关心和爱护学习者,尊重学习者人格。

②掌握党和国家方针政策,遵守教育法律法规,了解国家和本地区相关法律法规和现行重要政策。

③具备一定的社区教育专业理论知识,并掌握一至两门适合社区培训的专业理论、知识和技能,掌握现代化教育教学手段。

④具备与教学层次相应的专业业务能力和教学研究能力,具有较强的教育教学组织、社会调查研究、课程开发、语言文字表达和计算机应用等能力,普通话水平达到二级乙等。

⑤身体健康,心理素质好,具有亲和力,善于与学习者沟通交流;善于自我调节情绪,保持平和心态。

同时,《要求》也明确了专职教学人员的岗位职责:

①贯彻落实党和国家的教育方针、政策和法规,宣传、普及社区教育、终身教育、学习型社会理论和知识。

②承担社区教育培训、辅导和教学组织等日常教学工作,保证教育教学质量。

③积极参与社区教育调查研究,主持或参与教学计划的制订、培训项目与课程资源的开发。

④积极参与社区教育教学改革,更新教学内容,创新教学模式,改进教学方法,提高教学水平。

⑤负责对社区教育志愿人员和学习团队进行业务指导并协助组织管理。

⑥开展社区教育教学理论研究,做好教育培训的个案研究和经验总结。

2016年,《教育部等九部门关于进一步推进社区教育发展的意见》进一步明确,要提高社区教育工作者队伍专业化水平。社区教育学院(中心)、社区学校应配备从事社区教育的专职管理人员与专兼职教师。加大社区教育工作者培训力度。发挥社会工作专业人才在社区教育中的作用,探索建立社区教育志愿服务制度。鼓励高等学校、职业学校开设社区教育相关专业,鼓励引导相关专业毕业生从事社区教育工作。

当然,这样的要求有着时代的局限性。仅从我国高等教育进入大众化的视角看,这样的教师学历标准已经严重偏低,难以胜任社区教育教学工作的要求,而伴随着经济社会的持续发展,党中央提出"建设全民终身学习的学习型社会、学习型大国"的目标,社区居民的精神文化需求日益高涨,这就对社区(老年)教育提出了更高的要求。由此,建设一支专兼结合、高水平的社区教育师资队伍势在必行。

据笔者对江苏、浙江、福建、上海、重庆、陕西、河南、河北、辽宁、广东、四川、湖南、内蒙古、甘肃等多地部分市、县、乡镇的调查了解,由于基层行政区划调整、机构清理、职称评聘渠道不畅、人员变动频繁等诸多原因,专职教育人员队伍建设情况不容乐观,主要表现在:职业认同度不高,对社区(老年)教育认识不足,使命感、责任心不够;业务素质不高,从基础教育学校调入的人员对社区教育不了解、也未能得到及时有效的培训;学历偏低,缺乏社会教育、成人教育、社区(老年)教育方面的理论素养、教学业务不熟悉;工作热情不高,年龄偏大、"混日子等退休"的情况比较严重;在岗不履职,编制在社区教育,却忙于应付其他事务;师资数量不够,按照常住人口0.015%的比例配置,即便是东部沿海地区的乡镇社区也有一定的缺口,而城镇缺口更大。师资队伍建设困难重重、任重道远。

(二) 对社区教育教师的再认识

在建设中国式现代化的新时代,面临当前教师队伍的发展状况,我们不得不反思这些问题:什么样的人才是社区教育的合格教师?如何建设一支合格的教师队伍?首要的问题是要重新认识社区教育教师。

长期的学校教育模式带来了学校化社会的问题。考试,特别是学科知识的考核已经成为这个时代评价人才最常用的标准。企业招工,动辄以本科学历作为入门标准,至于是否需要则并不重要;学校评聘职称,唯课题、唯论文,至于能否开展教学也不重要;社区教育教师的硬标准依然是学历,能否胜任则并不重要。事实上,对于社区教育而言,学历并非能力,基于专业发展理论,社区教育教师的专业素养有待重新认识和界定。

从本质上说,教师职业素养的发展是教师不断接受新知识,增长专业能力的过程。职业素养的提升不只在专业生涯的特定时空,而是教育教学领域全部经验积累的总和。对于社区教育教师而言,尤当如此。

长期以来,从不同的视角、依据不同的学科和理论背景来解读教师的专业发展,形成了多种价值取向,也使得该领域的研究越发宽泛。鉴于我国社区教育发展的时间不长,现有对社区教育教师的研究尚未明确界定"社区教育教师"和"社区教育工作者"的概念,加之基层社区教育机构人员紧缺,在实践中,社区教育的教学与管理往往纠缠在一起,这就对社区教育教师的素质提出了更高的要求。从我国社区教育发展的实际出发,概括而言,社区教育教师除具备教师的一般性素质要求外,必须具备以下能力。

一是明确角色定位。社区教育教师往往既是学校教师,又是某些社会组织的成员,但说到底是人类社会成员。这里的角色定位,最为关键的特性是社区成员。他(她)必须了解社区,包括(与其教育教学活动相关的)社区的自然环境、人文资源、风土人情、居民的生存状态和生活习惯、审美倾向等,感悟居民的喜怒哀乐,了解居民的诉求,特别是学习需求。

二是社交和共情能力。社区教师不能囿于校园活动,必须深入相关社区,不能只寄情于"阳春白雪",还必须欣赏"下里巴人"。这需要社区教师和生活在社区中的人们打交道,在引领学习的点位上与人们获得同频共振。如果说高校教师的知识素养在于精、专,那么社区教育教师的知识素养在于博、通,面对社区老幼,都能找到切入点,找到共同话题,通过联系交流,让社区居民了解自己、了解社区教育,从而提升自己在社区人际关系节点中的地位,形成自己的影响力,进而带动社区居民参加学习。

三是耐心和意志力。社区教师必须清醒地认识到,现实中的社区教育是十分弱势的。从宏观层面看,社区教育是功在当代、利在千秋的伟大事业,也是滴水穿石的长期工程;从微观层面看,是步步为营、逐个争取的过程,也是居民急于达成行为改变的短暂时光。同时,在争取社会支持、利用教育资源的过程中,社区教育同样面临着诸多困难。社区教育的教师唯有自我"赋权增能",迎难而上,在实践中磨炼自己的耐心和毅力,发扬"铜头、铁嘴、飞毛腿"精神,做到"能钻会说腿勤",才能达成目的。

四是教学设计能力。上述所有素质的养成都是前提,没有学习者,就谈不上课程建设。社区教育教学设计能力的核心就是课程开发能力。这种能力不仅表现在课程建设中,也表现在教学活动中。由于社区教育学习者本位的价值取向和教学设计主体的多元化,教学内容具有一定的弹性,甚至每一次课程都可能会面对不同的学习者、不同的情境,课程教学活动也会随之进行持续的改进,所以,较之学校教育,社区教育的教学设计更加复杂,对教师的教学设计能力要求更高。

五是组织协调能力。在课程教学活动中,教师的功夫大多花在课程之外,有时一次活动性课程的安排,就涉及交通、餐饮、情境营造、安全卫生等方面的问题,如果有老人、少年儿童参加,情况会更加复杂,这就要求教师能协调各方,妥善安排与处理各项事务。并且,专职教师还承担着课程教学安排、组织兼职教师开展教学研讨、组织教学成果展示等一系列的工作,所以必须具备一定的组织协调能力。

现有的研究和实践表明,对于社区教育教师的职业素养,在当下还难以从专业化和职业化的视角去设定其组成要素,泛泛而谈思想道德素质、知识素质和能力素质,制定硬性标准,既会将那些无法测量的关键要素排除在外,又会使作为社会教育重要实践形式的社区教育陷入学校教育的理论圈子。

(三) 师资队伍的建设原则

教育是基础,已经成为共识。由于社会教育在教育中的兜底功能并未被人们所普遍接受,所以,在资源配置的过程中,地方的社区教育的条件保障常常处于被动地位。其政策供给的变革,不仅取决于经济发展水平,更取决于社会和政府的认识水平,如果社区教育的师资队伍建设光是"等、靠、要",那么远远不能满足社区居民的学习需求,应另辟蹊径,依靠社会力量,共同推动师资队伍建设。笔者从实践中提炼出师资队伍建设的八条原则,具体如下。

一是专兼结合、以兼为主原则。强烈的使命感、责任心,熟悉社区教育的理论和实践,具备一定的教学设计能力,这些特质能够有效地指导专、兼职教师开展教学活动。精干的专职教师应当成为师资队伍的带头人。兼职教师必须具备一定的专业技术特长,经培训后能够胜任教学活动。

二是群众性原则。三人行必有我师,高手在民间。在社区居民中,深藏着丰富的教师资源——退休专家、干部、教师,能工巧匠,各级非遗传承人,热心社区教育的行业精英,等等。经过遴选培训,他们都可以成为社区教育教师。

三是非校本原则。遴选社区教育教师,必须突破学校教师标准的框架——不唯学历、职称、学术成果,但求能开设课程、实施教学活动,并达成课程与教学目标。

四是自愿性原则。无论专、兼职教师,必须是自愿参与社区教育工作的。如果不能确立职业认同感,不能建立起对社区教育的情感,单纯依靠行政命令和强制性措施组建师资队伍,也就难以做好教学工作,更不可能得到居民的认同。

五是本土化原则。既为生活教育,社区教育若能广泛利用身边的资源,定会更具生命力。师资也是如此,如果对社区居民的生活状况、审美倾向、邻里关系以及周边环境不熟悉,往往会出现"水土不服"的现象,原本可以谈身边的人,议大家共同关心的事,信手拈来生动案例,通过课程教学化解历史恩怨或现实矛盾,但现在师生之间的情感交流难以实现,教学过程枯燥无味,教学效果将大打折扣。

六是成长性原则。社区教育是奉献性事业。在教育实践中,尽管涌现出了像浙江德清雷甸镇的潘晓利那样"感动中国的人物",但从社区教育机构出发,必须参与、指导教师的个人发展——从知识、技能、情感等多方面为教师提供成长帮助。

七是转换性原则。社区教育的学习者是一个庞大而又有流动性的群体,教学过程中的转换性学习是常见现象,教学互换、教学相长。"今日之师,明日之生",反之亦然。在学习者中发现、培训兼职教师,是教师队伍建设道路的一条捷径。

八是共享性原则。在过去的实践中,社区教育机构之间共享优质师资,已经成为常态。不求所有、只求所用。在此过程中,汇聚相应课程的教师建立教研小组,以强带弱、以老带新,也是师资队伍建设的重要路径。

(四)师资队伍的建设举措

对社区教育师资队伍建设,各地都有过诸多探索,取得了一定的成果,也积累了基本的经验。总体来说,就是"提升素质、扩大规模、融通共享"。

一是全方位提升师资素质。相对于学校教育,社区教育工作繁杂且具有较大的柔性。社区教育的全要素性,意味着一次教学活动需要若干的支撑条件,而这些条件一旦缺损,就会影响教学活动的正常开展,甚至在教学活动中带来更加严重的后果。因此,提升师资素质,必须从以下几方面入手:①建立和完善社区教育教师管理、考核、评价和激励机制,制定教学活动规程。其中,特别是要争取教育、人力资源与社会保障等政府部门的支持,建立符合社区教育实际、相对独立的专业技术职务评审标准,畅通职称评聘渠道,注重通过课程实施对师资的评价,建立学生(社区居民中参与社区教育课程学习的人员)评教机制。②完善社区教育师资培养机制。通过定期指定读物、举办阅读沙龙交流研讨,组织参与专题培训,开展区域间交流,轮流挂职研修,定点去社区或居民小区调研,参加(线上或线下)岗位继续教育,参加相关研讨会,组织或参与教学设计竞赛活动,组织开展课程开发活动等一系列师资培养活动,使教师注重以活动性课程的开发过程及其成功案例为教学内容,着力提升专业素质和教学能力,加强与居民之间的联系,更好地把握教育需求,更好地引导居民参与学习,更有效地推进学习型社区建设。③建立与高校、科研机构之间的合作培养机制。与相关教育院所,特别是成人教育、社区教育的教学科研机构加强联系,建立双育人机制,一方面,借助高校在培养社区教育师资方面的理论引领作用;另一方面,为高校和科研机构的人才培养提供实习基地,同时可以合作开展社区教育研究,为后续引进新师资打好基础,真正做到合作共赢。④建立和完善兼职教师管理机制。兼职教师是社区教育师资的主体,应参照专职教师的管理制定相应的管理机制,制定动态管理办法,实行优胜劣汰;制定相应的培训考核办法,在保持队伍相对稳定的同时,不断提升兼职教师的整体素质。

二是扩大规模。在按照社区总人口万分之一点五的比例足额配备教师的基础上,有条件的地方应根据居民学习需求,增配专职教师。扩大规模,一是建立一支数量合理、结构稳定的兼职教师队伍,二是建立一支规模较大的导学、助学志愿者队伍。

①实施"能者为师"工程。这一工程不但可以遴选兼职教师和志愿者,更是宣传社区教育、引导社区居民参与学习的重要手段。对于人们了解社区教育、激发学习兴趣、增强学习自信有着一定的促进作用。实施"能者为师"工程的具体步骤如下。第一步,要开展广泛的宣传发动工作,通过微信、广播、橱窗、传单等多种形式,组织居民报名,报名表的设计包括居民的个人信息、专业技术特长、是否参与相关的民间社团等方面的情况,同时明确参与遴选需提供一段展示本人才艺的视频,时长一般控制在5分钟以内,并在规定时间内送达小区或社区指定地点。如不具备视频录制条件,可向社区居民学校提出录制申请;报名表由居民小区汇总至社区居民学校。第二步,由社区居民学校建立报名人员联系表,分头联系报名人员确认其相关信息,并征询视频录制情况。通过这一环节,掌握工作进度,增进与潜在兼职教师或志愿者之间的联系与情感交流。第三步,由乡镇(街道)社区教育中心汇总全部参选视频,由评审人员进行"书面"评审。评审人员由社区教育(或成人教育)专家、有关(视参选短视频的内容而定)专业技术人员、社区居民代表组成。评审的标准包括内容的政治性、思想性、知识性,后续课程实施与教学目标的可操作性,视频的真实性,与区域文化及公众审美的契合度等。评审人员依据这些标准完成初选工作。第四步,是对参选人员进行面试。面试考官同样由上述三方面人员构成,评选的内容主要是:参选者现场才艺展示、语言表达能力考核、参选者阐述自己对拟授课程的设想。同时考察参选人员的个人诉求,其对社区教育、潜在课程学习者的了解情况,以及个人形象等。根据遴选结果排序,确定兼职教师人选,其余人员在征得本人同意后,进入助学、导学志愿者团队。第五步,组建课程建设团队。在确定入选人员后,对其按文化、艺术、生活大类(在人员、门类较多的情况下可以细分,比如在艺术类下分音乐、绘画科,在音乐科下分声乐、器乐目)进行分类,在同一门类下,选拔确定牵头人,组成特定课程的教师团队,并组织开展教育教学培训,特别是课程开发培训。第六步,组织教师团队赴社区和居民小区开展学习者需求调研,掌握潜在学习者的规模,以及对拟设课程在内容、形式、条件、场地、时间安排等方面的具体要求,对课程的必要性和可能性进行分析研究。第七步,启动课程建设并组织教学团队。课程建设按照既定模式实施;教学团队构成的要素是目标、人员、定位、权限、计

划,构成步骤包括遴选带头人、组建队伍、提出目标、建立协同机制、营造团队文化、建设外部支持环境等。在专职教师的协调下,由"能者为师"活动遴选出的带头人、特定课程教师团队的其他成员、参与学习的社区居民,共同构成教学团队。

值得注意的是,在这样的遴选活动中,可能会出现两个重要的"副产品":一是政府民政部门期待建立的社会组织。一个兼职教师团队就是一个"学习共同体",社区可以帮助其注册成为一个合法的社会组织。二是志愿者队伍,它可以裂变为若干社区志愿者团队,在助学导学的同时,开展专项志愿服务活动;它可以是"网格员"的助手,成为社区治理、社区建设的一支重要力量。

②争取高校师生参与社区教育。一方面是发挥高校优势,培养、培训社区教育师资。不少国家对社区教育工作者的主要培养方式之一,就是依托大学、学院开设的成人教育、社区教育发展、人力资源开发等专业课程来培养社区教育所需要的专业教学人员。同时面向高校周边地区居民,直接举办多种形式的社区教育。目前,江苏部分高校已经成立社区教育学院,发展势头良好,深受百姓欢迎。

另一方面是鼓励高校师生走进社区,这是我国社区教育发展的重要源头。在我国高等教育快速发展的新形势下,包括开放大学、地方学院、职业院校在内的高等学校遍布城镇甚至乡村,高校师生已然成为推动社区教育发展重要而广泛的人力资源。"大学生进社区"开展社会实践是基于其内生动力的,服务社区教育有其自身优势,能够发挥高校文化的辐射作用,促进社区文化建设。高校作为知识传播和人才培养的重要场域,在社区精神的挖掘和塑造上有着天然优势,可以通过丰富多彩的宣传和研究活动,激励社区成员积极参与社区精神的传承弘扬,同时充分挖掘地方的文化特色,引导社区成员共同塑造具有本土特色的社区文化,利用专业技能,开展形式多样的教学活动。高校师生可以在社区教育机构、居民家庭、市民广场、田间地头开展各类教育、咨询、服务活动,以及现代科技成果展示、文艺活动等,在活动中参与实践,密切联系居民,了解乡情、国情、民情。社区可以建立和高校之间的制度化联系,以设立基地、结对帮扶、专题课程开发与修订等方式,鼓励师生进社区,将阶段性的进社区活动转变为服务社区教育的长期实践,使高校师生成为服务社区教育的一支稳定队伍和重要力量,让更多的高校学生在社区这一特殊而又广阔的天地里"受教育、长才干、作贡献"。鼓励居民走进高校,利用高校的各类场馆开展教育活动。由于多方面的原因,居民中不少人从未进入过大学校园,进入图书馆、体育馆,看看科技馆、实验室,是许多人一生的梦想。这样的情境式教育让每幢建筑、每件设备都说话,能够使学习者感受科技的进步、时代的发展,激发其民族自豪感和学习兴趣,并将这种精神力量传导给其后生晚辈,社区教育的成果就得以延展并实现最大化。

三是扬长避短,整合利用。一般说来,社区教育以社区为单元,但社区所拥有的资源,根本难以满足居民全方位的学习需求,借用社区外资源,又必然会受时间和空间制约,所以整合利用是切实可行的办法。乡镇和街道社区教育中心应该成为整合师资资源的主导机构。在社区教育实践中,由于对辖区内的资源发掘不够,整合利用的效果并不理想。而在实施"能者为师"工程基础上,再对教育资源进行整合,有效利用紧缺师资在区域统一排课,引导居民提前报名,选择课程和地点,就近上课,在一定程度上可以缓解矛盾。同时,可以在提前进行教学情境设置的情况下,鼓励优秀教师送课到社区。对师资、课程的整合利用,将有助于教师之间的良性竞争和课程改革,以持续提升教学质量和水平,促进社区教育内涵式发展。

第四章　社区教育核心要素

课程是社区教育的核心要素,因为社区教育的教学是围绕课程展开的。但这个课程,却非学校教育模式下的"课程"概念。

随着我国社区教育事业的不断发展,课程建设已被各级各类办学机构提上了重要日程。一些社会组织也开始编制课程大纲,并组织优秀课程(课件)的评比,所谓"规范""标准化"的概念被不断提及。面对蓬勃兴起的市场,作出梳理和引导无疑是积极的,但如何避免误入学校化模式,却是我们面临的更加严峻的问题。无论是普通高校还是开放大学,抑或是社会办学机构,都面临着社区教育和老年教育课程创新的难题。

一、"课程"概念由来

"课程"(curriculum)一词最早出现在英国教育家斯宾塞的《什么知识最有价值?》一文中。它由拉丁语"currere"一词派生而来的,"currere"意为"跑道"(race-course),即学习的跑道。随着社会的进步和教学模式的拓展,其内涵和外延仍在持续的变化发展之中。朱智贤在20世纪30年代给课程下了这样的定义:"学校的课程,是使受教育者在学校规定的期限内,循序继续得着各种应得的智识和训练,以求达到一种圆满生活的精密计划"[1];上海师范大学《教育学》编写组认为"学生学习的全部学科称为课程"[2];学者陈侠认为,"课程可以理解为为了实现各级学校的教育目标而规定的教学科目及其目的、内容、范围、分量和进程的总和"[3];李秉德等人认为,"课程就是课堂教学、课外学习以及自学活动

---

[1] 朱智贤.小学课程研究[M].上海:商务印书馆,1933:2.
[2] 上海师范大学《教育学》编写组.教育学[M].北京:人民教育出版社,1979:25.
[3] 陈侠.课程研究引论[J].课程·教材·教法,1981(3):7-12.

的内容纲要和目标体系,是教学和学生各种学习活动的总体规划及其过程"[1];郝德永提出课程的"本质内涵是指在学校教育环境中,旨在使学生获得的、促进其迁移的、进而促使学生全面发展的、具有教育性的经验的计划"[2],他认为课程从本质上讲是一个静态的客体,而不是动态的活动,强调课程是一种预设的、有意的安排,而不是教育活动的结果,更不是学习者的主观性自我意识或见解、观念,从其内容上讲,它是一种系统知识、经验,而不是一种目标体系。虽然学界对"课程"的概念众说纷纭,但已经形成了基本共识:课程是指学校对学习者应学内容的总和及其进程的安排,是一种有计划的预设。广义的课程包括对教育目标、教学内容、教学活动方式的规划、设计和实施。狭义的课程是指某一门学科。

"课程"一词在我国始见于唐宋时期,唐朝孔颖达为《诗经·小雅·巧言》中"奕奕寝庙,君子作之"句作疏:"维护课程,必君子监之,乃依法制";宋代朱熹在《朱子全书·论学》中多次提及课程,如"宽着期限,紧着课程""小立课程,大作工夫"等。虽然前者"课程"之含义与我们今天所用之意相去甚远,但后者却指向了功课及其进程。到了近代,由于组班教学方式的推广、赫尔巴特学派"五段教学法"的引入,人们开始关注教学的程序及设计,于是课程的含义从"学程"变成"教程"。

在不同的体系中,可以对课程进行不同的分类。在基础教育领域,一般依据学科分类设立课程;在高等教育领域,一般从专业出发,把课程分为公共基础课程、专业基础课程和专业课程。而对于学校教育系统而言,课程主要分为学科课程、综合课程和活动课程三大类型。

学科课程也称分科课程,是一种以学科为中心来编定的课程。课程的分科设置,是分别从相应科学领域中选取知识,根据教育"教学计划"确定课程安排并进行教学。20世纪60年代以来,形成了美国教育心理学家布鲁纳的结构主义课程论、德国教育学家瓦根舍因的范例方式课程论,以及苏联教育家赞科夫的发展主义课程论等经典理论。

综合课程,顾名思义是由若干相关联的学科整合而成的一门包容性更强的课程。综合课程的设置,一方面有利于学习者形成对相关联的知识领域的总体认识,从而激发其学习动机,促进个性发展;另一方面有利于教学与社会方面的联系,提升学习者学习的成就感。根据综合程度及发展轨迹,综合课程可分为相关课程、融合课程、广域课程、核心课程等,这类课程或有较强的关联度,或可以

---

[1] 李秉德.教学论[M].北京:人民教育出版社,1991:159.
[2] 郝德永.课程研制方法论[M].北京:教育科学出版社,2000:67.

融合为新的课程，或是围绕一些重大的社会问题组织教学内容，这些社会问题就像包裹在教学内容里的果核一样，又被称为问题中心课程。前三种课程都是在学科领域的基础上进行的知识综合的课程形式，它们打破了原有的学科界限，是旧的学科课程的改进和扩展；而核心课程则是以解决实际问题的逻辑顺序为主线来组织教学内容的。

活动课程，是区别于课堂教学而言的，它偏重于对课程的内容作教学化设计，让学习者在活动中达成课程学习目标。活动课程思想源远流长，从我国古代思想家、教育家孔子到法国教育思想家卢梭，都有相应的主张，杜威等更是发展了这一思想，他认为：一切学习都来自经验，而学习就是经验的改造或改组；学习是和个人的特殊经验发生联系，教学必须从学习者已有的经验开始；应该打破严格的学科界限，有步骤地扩充学习单元和组织教材，强调在活动中学习。

由于学习者自身及其学习动机、学习内容的差异，传统的课程理论对于社区教育而言，显然是缺乏精准指导意义的，但从中汲取养分，梳理社区教育的课程，分析其自身的形成发展规律，以更好地促进公众学习，却是积极有效的。

二、社区教育课程建设原理

社区教育，需整合社区内的各类教育资源，为社区成员提供学习支持服务，以提高居民素质。与学校教育课程相比，其学习内容具有多层次、多样化、广泛性、发散性的特点。但仅仅基于学校教育的课程理论，已经难以对社区教育的教程和课程做出准确的诠释，蓬勃兴起的社区教育事业迫切需要对社区教育的课程概念进行梳理。

成熟的学者和初学者一样，都为太多的课程定义而叹息。但是，我们并不将视之为可怕的问题。一个复杂的领域必将会以复杂的，有时甚至是矛盾的方式运用其核心概念。定义的多元化，不是需要解决的问题，正好相反，它是需要被认可的形势。同样，对于社区教育而言，其课程的定义会较为复杂，但我们并不急于给出结论性意见。事实上，对照分科课程的概念，布鲁纳的结构主义课程论主张课程内容以各门学科的基本结构为中心，强调内容的学术性，并根据学习者的生理和心理特点安排学科的基本结构，并且倡导发现式学习法；瓦根舍因的范例方式课程论，则强调课程的基本性、基础性、范例性，基于学习者原有的经验，范例教学能更典型、具体、实际地培养学生分析问题和解决问题的能力；赞科夫的发展主义课程论，把智力、情感、意志、品质、性格的发展作为课程的归宿。从这些理论中，能够获得关于社区教育课程定义的启示。

借鉴学校教育课程理论,可以得出下列关于社区教育课程的定义:第一,社区教育课程是从教与学的互动关系上把握课程的要义。学习资源是静态的,公众依据自身的需求和兴趣对某些资源做出选择、自行学习,事实上,这不是社区教育的教学组织形式,虽然这类资源可能是课程的内容,在实践中也会借用已有的各种媒介资源用于教学,但其本身并非课程。第二,课程是有计划的教学活动。面对特定的学习群体,社区教育会根据其诉求,确定课程的内容、教学形式、进度安排和评价方式等。在从教学导入、授课过程、教学互动到教学效果评价的过程中,应针对具体教学内容,努力谋求学习者、学习内容、呈现形式、教学方式的最佳匹配。第三,课程设定了学习结果。在传统的学校教育模式下,学习者并不参与课程的制定,而在社区教育领域,由于学习动机的多元化与学习目标的模糊性,给学习预期带来了很大的不确定性,因此教育的供给方必须建立明确的教学基本目标,应在充分征询社区居民意见的基础上,形成具有一定包容性、分层级的目标体系,让学习者有着见仁见智的收获。第四,课程是学习经验。社区教育的主体是在职人群和老年人群,成人教育的课程更偏重于学习经验的获取。学习经验是指学习者与环境中外部条件的相互作用,在这方面,成人有着独特的优势。西方一些人本主义和解释学派课程论者,主张把课程的重点从教材转向个人。第五,课程是文化传承。传统的课程观认为,课程是"文化的再生产",任何社会环境中的课程,事实上都是对这种社会文化的反映。显然,由于学习者和课程的"大众化"属性,社区教育文化创新的能力是比较薄弱的,其课程是把文化、技能传承给学习者,使文化与技能内化于心、外化于行,促进全民素质的提升。第六,课程是推动社会变革的手段。社区教育促进社区治理,已成为社会的共识。不同于高校课程倡导学习者的批判精神,社区教育课程的目标是建设社区居民的精神家园,必须弘扬中华优秀传统文化的时代精神,同时关注当代社会热点和发展潮流,努力客观公正地予以解读,钝化突出矛盾,促进社会稳定。第七,课程是对学习者的引领。在现实教学活动中,已经设定的教学目标可能难以达成,而教学过程中出现的"副产品"却让部分学习者大有收获,从而忽略了对课程内容的学习,出现"种豆得瓜"的现象。

对照经典分科课程理论,不难发现,社区教育课程既不具有学科性、系统性,也不具有统一的教学目标和刚性的计划安排;既难有适应不同区域的范式和经验,也不需要去深入地分析问题;既难以对社区成人学习者的个性化发展产生影响,也难以达成外部设定的目标。

对照综合课程的理论,社区教育内容展现出"碎片化"的特质,有一种"同构异质"之感。多样而发散的教学内容表现出社区教育"课程"的包容性,却又往往无法"综合",从时序进程和逻辑关系上看,社区教育课程也仿佛处于一种"无序"状态,但是从与社会的沟通联系的角度看,社区教育课程也与综合课程有着相合之处。

活动课程理论对于社区教育课程建设有着重要的指导意义,秉承"教育即生活"的理念,通过对活动的教学设计,在把握学习者需求特征的同时,把特定的"课程"目标融入其中,正逐步成为社区教育主流的课程理念。

自20世纪80年代以来,在我国成人教育发展的基础上,我国的社区教育开始起步,40多年来,已经取得了长足的进步。从社区教育的概念出发,它整合社会资源,提供教育服务,体现出"内化于心的教育本旨和外化于行的实践品格"。因此,为达成"内外兼修",社区教育必然汇集了海量的课程资源。在我国社区发展的实践中,"课程"和"资源"两个概念一直混同使用。习惯上虽然称社区教育为"课程",但却与原本的课程概念相去甚远;虽然谈资源建设,实质上却是提供教学内容——课程建设的重要构成。基于此,笔者在理论和实践方面,对于社区教育的课程作如下梳理。

社区教育课程面向社区居民进行教学安排,这种安排是基于公众需求和政府目标导向的,其不应包括民间自发组织的文化体育活动,比如自发组织的市民广场舞、自行安排的红色旅游及自觉的阅读活动等。

社区教育的课程教学活动是由包括政府、企事业单位、民间团体等各类组织基于其自身的使命和资源等组织实施的。

社区教育的课程安排具有一定的计划性,这种计划是基于社区居民的需要、政府的安排、季节性特点以及重大节庆活动的。同时,这种计划性具有很强的柔性,往往会根据学习者及其他相关因素的变化而调整。

社区教育的课程缺乏严格的课程考核要求,对于社区居民而言,参加学习往往较为随意,随时可以中止学习或变更学习的内容和方式。

社区教育的课程形式多样、无所不在。"丛林、山区和家都可以是学校",课程的呈现方式有课堂教学、体验学习或某项活动等,或为显性,或为隐性,学习者甚至会无意识学习,从而在设定环境中潜移默化地接受教育。

社区教育课程的内容包罗万象,包括面向青少年的校外教育、在职人员的岗位继续教育、老年教育等,课程涵盖多种学科门类,德育、智育、体育、美育、生活技能教育无所不包,传统文化、现代科技无不涉及。

总而言之,社区教育的课程突破了传统的课程思维,其建设问题十分复杂。换言之,社区教育的课程建设具有十分广阔的空间。

三、社区教育课程基本要义

随着经济社会发展和技术的进步,基于全民教育、草根教育、区域教育的视角,社区教育课程的内容、呈现方式、教学组织形式、考核评价方式等都会发生变化。基于我国社区教育的实践,其课程的基本要义必然包含以下要素。

其一,有计划的教学安排。不同于居民的自主学习,凡群体性教育活动必由组织者制订教学计划,否则无从实施。

其二,基于学习者(社区居民)需求导向的教学内容安排。不同于学校教育模式下的学习内容由校方设定的情形,社区教育的课程必须秉持"从群众中来、到群众中去"的原则,尊重相对多数居民的选择,分清轻重缓急,把握教学内容。

其三,符合学习者学习特征的教学组织形式。社区教育课程在确定教学方式方法时,不是基于知识的逻辑,而是基于生活的逻辑。重在举行诸如活动性、互动式、沙龙式、研讨性的非正式教学活动,而非课堂教学。强调给予学习者在学习过程中的适时激励,同时不断赋予学习者成就感。鼓励学习者个体和小组探索多样化的学习模式,鼓励发表不同意见,鼓励学习者在学习过程中展示自己的阶段性学习成果。不断调整修正教学方式方法,努力寻求学习者、学习内容、教学组织形式三者之间的有效融合。

其四,为学习者今后生活做准备的教学目标。学习是贯穿人的一生的活动,社区教育的宗旨,是以社区为单元,为广大居民的美好生活提供(包括家政、隔代教育方面培训在内的)全方位学习支持服务。但是,从自身的功能和实际条件出发,社区教育应当有所为而有所不为。其中,职业培训、学历教育应该由学校、企业和相应的培训机构负责;家庭教育是家庭成员之间的相互教育和帮助,也不该纳入社区教育的范畴。否则,社区教育就会泛化,进而无所适从,不仅无法保证其高水平发展,而且无法建立社区教育学科。

其五,学习者本位的教学质量评价标准。评价社区教育的成败,不以学科、专业论,而以课程论。在教育实践中,对公办的各级各类社区教育的评价,往往套用传统学校教育的教学评价体系,而在实际操作过程中,对社区居民的"参与率、满意度、获得感"无从落实,数据的真实性、准确性与定性分析的结果相去甚远,最终,最好的结果也只有地方党委、政府重视,人员配置、教学场所、经费保障等基本办学条件能落实在相关文件上。但这样的评价结果,往往得不到社区居民的认同,唯有建立以课程评价为核心的评估指标体系,直接对参与人员进行抽样访谈和评价,最终落实到教育资源的利用率和居民生活的改善上,让更广泛的居民参与社区教育的评价,才是真实有效的。

成功的社区教育,就是为社区居民提供全方位的学习支持服务,构建一种"有组织的无序"状态,创设教育即生活的境界,达成全民终身学习的目标。

四、社区教育课程教学目标

课程的设置是为一定的教学目标服务的,而目标的设定取决于教育的价值取向。在学校教育模式下,由于人们对于学生身心发展的规律、社会需求的重点,以及知识的性质和价值的认识存在着差异,对这三者之间的关系的理解也各不相同,导致课程与教学目标的取向有所不同。通俗地说,一个好人、一个好员工、一个好学生的评判标准各不相同。

课程理论把教学目标分为四种:普遍性目标、行为性目标、生成性目标和表现性目标。

普遍性目标是一种古老的课程与教学目标取向,其历史可以追溯到我国的先秦时代,《大学》所明确的教育宗旨是"大学之道,在明明德,在亲民,在止于至善",教育的目标在培养有德的新人,培养德行,永无止境。这样的目标是高尚的、理想化的,但又是宏观的、模糊的。

行为性目标是具体的、可操作的课程与教学目标,指明了学习课程前后学生所发生的行为变化,其特点是具体、精确、可操作、可测量。但是,很多难以测评、难以被转化为行为、不易直接观测与衡量的内容就无法纳入课程与教学目标。事实上,隐性课程无所不在。杨福家院士曾说过,教育的根本是"育人",而不是"育分",显然,行为性目标忽视了人的主动性与创造性。

生成性目标是随着教学过程的展开而自然生成的课程与教学目标。这种目标并非外部所事先设定的目标,而是师生在教学进程中发现并提出的。这样的目标回应了"教育即生长"的命题,否则,知识在传承的过程中必然走向衰亡。生成性目标的优点是强调在教育过程中的学生在与教育情境的交互中产生了属于自己的目标,而非外界强加的。学生有权利选择自己要学的、要获得的东西,其主动性与积极性得到了极大的发挥。但这一目标的缺陷也是明显的:教师不仅要克服课程与教学开发的困难,而且还面临着教学过程不可控的问题。同时,这一目标的随机性和不确定性,也会阻碍社会、学生对课程与既定教学目标的实现,实施起来可操作性不高。

表现性目标是学生在具体的教育情境中各种元素的作用下所产生的个性化表现。教育实践表明,当学生的主体性、个性充分发挥时,他在具体教育情境下所学到的东西是无法准确预知的,唯有"仁者见仁,智者见智"可以言说。由于很难保证让大多数学生达成表现性目标,因此,这种目标可能更适用于个别化教学、培养拔尖人才,而非学校教育模式下的群体教育。从某种意义上说,表现性目标是对课程与教学目标理论的批判。

社区教育的课程与教学目标应当如何设定？社区教育机构开设课程的依据又是什么？是源自政府目标导向,还是公众需求导向？

作为社区居民必修的社会主义核心价值观教育课程,其内容直指个人道德修养,课程与教学目标显然是普遍性目标,囿于课堂、囿于校园的学校教育确实无法解决目标评价的问题。但对于社区教育而言,这类课程并不依赖课堂教学,更多是在现实生活中进行考量——设计若干情境教学活动,让每个学习者身居其中,或角色扮演,或辩论比拼,或"摆龙门阵",通过潜移默化的教育方式,学习者必会有所收获、有所提升,课程与教学目标的评价亦有所依据。

生活类的课程大多是基于居民的需求导向,诸如保健养生、家政烹饪等方面的课程,基本可以通过行为性目标的设定进行评价。但是,由于这类课程与教学目标的价值取向是学习者本位的,学习者个体在特定的教育情境下的感悟则存在明显的差异,生成性目标和表现性目标的取向也常常存在区别。

由此,在社区教育实践中,由于课程的内容、性质、传递方式和教学组织形式的差异,其教学目标的价值取向是多元的,不能以某一特定的评判标准去衡量课程的优劣与教学成效。

五、社区教育课程特点

社区教育课程在实践中具有以下特点。

其一,社区教育课程是一种"微型课程"。其最早萌芽于20世纪50年代美国斯坦福大学开展的微型课程教学(microteaching)。随着现代信息技术的发展,世界上许多国家和地区都在开发和推广微课,逐渐呈现如火如荼之势。所谓"微",既有细小之意,又具"精深奥妙"之意。微课程,有别于目标多维、内容庞杂的课程,追求单一而具体的目标,聚焦某个特定问题的解决。其设计环节,就是学什么、怎么学、何时学、在哪里学、和谁一起学、使用哪些资源、如何对学习效果进行评估等。

其二,社区教育课程偏重于活动课程。参与和互动是社区教育课程的基本特征,与学校教育模式下的学生相比,学习者在活动课程中更能体悟到学习的获得感和快乐。目前,我国社区游学课程的开发,引起了各界的普遍关注。寓学于游中的游学课程,通过自然、人文、工业等方面资源的学习化改造,根据课程建设的基本要求,开发基于体验式、参与式、互动式的社区教育课程,使得学习者可以在特定课程环境中建构自己的知识。

其三,社区教育课程开发与建设的主体是多元的。由于社区教育的社会性、开放性的特征,除了教学双方共同开展课程开发,政府、企业组织以及志愿人员也会主动参与其中。因此,一方面,应该建立课程基本评价标准和准入机制,另一方面,必须防止课程的"泛化",尤其是防范过度商业化宣传,甚至是存在变相商业欺诈的所谓"课程"进入社区。

其四,社区教育课程的教学对象是"特定"的。社区教育是面向人人的教育,但鲜有适合社区中所有人的课程,社区教育课程也很难做到充分考虑学习者的个体差异,所以课程设计是对教育对象、教学环境、媒体选择、呈现方式、教学互动、教学评价的总体把握。在特定的社区中,对教育对象的分析不是孤立的,不仅要分析学习者在初始知识能力、自主学习时间、智力水平、基本价值观、兴趣领域、思维方式等方面的差异,而且要对其生活环境、生存状态、从事工作、审美取向,以及区域民风民俗、地方文化、地理地貌等做出全面的分析。由于社区教育的对象往往为非"同辈"群体,需要对学习同一课程的学习者进行分类,基本的分类方法是按照年龄、受教育水平、职业背景等来分类。比如,同样是学习书法课程者,可能是培养自身素质的青少年、发展兴趣爱好的在职人员、休闲娱乐的老年人,通过对学习者初步分类,可以设置不同的"班级",其教学时间安排、教学方式方法、资源的选择都会有显著性差异。

其五,社区教育课程具有多样性、碎片化、离散性、无序化的特征。教学内容从传统文化到现代科技,从保健养生到隔代教育,从歌舞戏曲到非遗传承,从时事政治到邻里相处,从外语到家政,古今中外,无所不学;教学场所从田间地头到居民庭院,从文化科技场馆到农家小院,从都市地标建筑到河畔林间,有人的地方就是课堂,无处不学;教学方式从线上到线下,从研讨到辩论,从一事一议到教学成果展示,从竞赛到游学,教学活动与生活融为一体。社区教育往往将看似风马牛不相及的事物联系在一起,达成教育即生活的境界。

其六,社区教育课程的评价偏向于学习者中心和社会中心的价值取向。社区教育课程要满足学习者的需求,需要大量高水平的"区域本位"课程作支撑;而要满足社会需求,则需要以规范的通用课程为基础。依据经典的课程理论,以实践为基础,突破学校教育传统的课程观,研究社区教育的课程理论,是社区教育内涵式发展的必然要求。

第五章　社区教育课程建设

课程建设,不是简单地编制教材,而是根据教学内容、学习者的特点,系统地进行教学设计的过程。社区教育的课程是一个"筐"。一方面,由于其巨大的包容性,我们无法基于学科的视角讨论其建设问题;另一方面,"课程即学习者的经验",基于社区学习者的兴趣和需求,为完善和改造学习者的经验而设计课程,是社区教育课程建设的重要路径。《教育部等九部门关于进一步推进社区教育发展的意见》明确指出,"加强课程资源建设。国家组织编写一批社区教育通用型课程大纲。鼓励各地开发、推荐、遴选、引进优质社区教育课程资源,推动课程建设规范化、特色化发展。鼓励引导社区组织、社区居民和社会各界共同参与课程开发,建设一批具有地域特色的本土化课程。课程设计应与居民需求、科学普及、文明素养、社区发展等紧密结合,促进课程设计与社区治理和服务实践有机融合"。在学校教育课程理论框架下,社区教育的课程建设就是微观层面的教学设计。

加涅和布里格斯把教学设计分解成以下程序。
①分析需求、目的及其需要优先考虑的部分;
②分析资源和约束条件及可选择的传递系统;
③确定课程范围和顺序;
④设计传递系统,确定教学内容的结构和顺序;
⑤分析特定内容的教学目标;
⑥确定基于教学内容的行为目标;
⑦制订课堂教学计划;
⑧开发、选择教材和媒体;
⑨评定学习者行为;
⑩进行教师方面的准备;

⑪形成性评价现场试验及修改；

⑫总结性评价系统的建立和推广。

这一程序，对于社区教育而言，虽不可照搬套用，但仍有着重要的指导意义。循着程序，反思社区教育的实践，我们可以依次开展社区教育的课程建设。

一、精选课程内容

社区教育的需求分析可以概括为三个方面，包括对政府诉求、社区教育机构诉求和社区居民诉求的分析。教育，是时代的教育，正是如此，才能成为推动社会变革的重要力量。对政府诉求的分析一定不仅是了解教育、民政部门的工作目标和要求，而是对整个发展大势和区域发展目标的把握。在中国特色社会主义新时代背景下，对于社区教育而言，就是顺势而为，以各类教育活动为手段，弘扬时代精神，培育城乡居民的社会主义核心价值观，传承包括红色文化在内的中华优秀传统文化，满足人民群众对美好生活的向往。

社区教育机构的诉求往往是完成政府考核目标，服务社区居民，提高业绩的显示度，提升社会影响力，促进其内部成员的个人发展；对社区居民诉求的分析是社区教育需求分析的核心和重心。基于视野和站位的因素，难免会出现个体与国家、局部与整体、眼前与长远、感情与法理之间的矛盾，导致三方诉求可能出现不尽一致的情况，这就必须坚持政府目标导向和公众需求导向相结合的原则。

此处重点讨论居民的需求分析。面向广大居民的学习需求分析，无疑是十分困难的。总体而言，经济社会发展水平和居民的生存状态决定着社区教育的供给。马斯洛需求层次理论将人类需求像阶梯一样从低到高分为五种，分别是：生理需求、安全需求、爱和归属的需求、尊重需求和自我实现需求。

第一层次：生理需要，即其基本的衣食住行等生活需要得到保障。

第二层次：安全需求，包括人身安全、家庭安全、健康保障、财产安全、道德保障、就业保障等。

第三层次：爱和归属的需求，包括友情、亲情、爱情等。

第四层次：尊重需求，包括自我尊重、自信心和成就感，对他人尊重、被他人尊重等。

第五层次：自我实现的需求，包括道德素养、公正性、创造力、自觉性、问题解决能力、接受现实能力等。

根据这一需求理论，可以将社区居民对教育的需求分为不同层次，第一层次为基础层次，对应生活状态处于温饱阶段的人群；第二、三层次归为中间层次，对应生活状态处于小康阶段的人群;而第四、五层次为最高层次,对应生活状态处于富裕阶段的人群(值得注意的是,由于区域性的经济发展水平差异和文化传统的差异,虽然不同地区均可作这样的划分,但处于同一层次的不同人群的生存状态可能会存在巨大差异),从而简单构建一个社区居民教育需求倒金字塔(图5-1)。

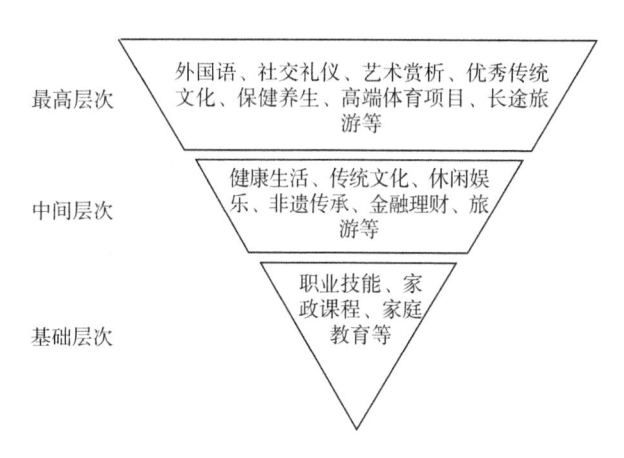

最高层次：外国语、社交礼仪、艺术赏析、优秀传统文化、保健养生、高端体育项目、长途旅游等

中间层次：健康生活、传统文化、休闲娱乐、非遗传承、金融理财、旅游等

基础层次：职业技能、家政课程、家庭教育等

图 5-1 社区居民教育需求倒金字塔

教育即生活,社区教育更应如此。受社会发展和人的自身发展水平制约,不同时期、不同体制下的社区教育内容千差万别,社区教育就要为不同职业、年龄的人提供随时接受教育的机会和丰富的教育内容。正是由于人们面临的社会生活问题不同,对丰富和提高个人的物质和精神生活的要求不同,个性兴趣爱好不同,就产生了各种各样的学习需求。社区教育内容的广泛性也正是由这些不同的教育需求所决定的,社区教育不仅要包括科学知识的传播,还要重视对公民进行道德教育,培养公民的道德意识和道德行为;要重视对公民进行体育教育,培养公民参与健身活动的意识;要重视对公民进行传统文化教育,传播优秀的中华传统文化;重视对公民进行爱国主义教育,增强民族凝聚力和向心力。

党的二十大报告明确指出,要"增强城乡社区群众自我管理、自我服务、自我教育、自我监督的实效。完善办事公开制度,拓宽基层各类群体有序参与基层治理渠道,保障人民依法管理基层公共事务和公益事业"。要"坚持依法治国和以德治国相结合,把社会主义核心价值观融入法治建设、融入社会发展、融入日常生活","广泛践行社会主义核心价值观",发挥"社会主义核心价值观是凝聚人心、汇聚民力的强大力量"。大力"提高全社会文明程度。实施公民道德建设工程,弘扬中华传统美德,加强家庭家教家风建设,加强和改进未成年人思想道德建设,推动明大德、守公德、严私德,提高人民道德水准和文明素养"。"加强国家科普能力建设,深化全民阅读活动。"要"着力解决好人民群众急难愁盼问题,健全基本公共服务体系"。"推进健康中国建设","倡导文明健康生活方式"。这一系列重要论述,既是党和国家的重要发展战略,也是社区教育的目标和行动路线图。社区教育的教学内容应彰显时代精神、融入国家战略、融合区域文化、融通百姓生活,具体表现在以下几个方面。

第一,普及文化科学知识以"开民智"。亚当·斯密认为,人的经验、知识和能力是国民财富的重要组成部分和发展生产的重要因素,人的才能与其他任何种类的资本一样都是重要的生产手段。在新的时代背景下,社会教育的内容应与时俱进,由较单一的学习内容转变为较全面的学习内容。过去,人们学习的内容在社会生活范围内主要是经验和知识技能的学习,主要表现为在学校范围内的书本学习与技能培训,教育是要让人成为专才而非通才。而现在,人们学习的内容已经扩展到人的全部活动领域,表现在教育方面的内容也应该得到相应的拓宽。我们今天的教育所涉及的教育对象不仅是青少年,教育也不仅仅指学校教育。在构建学习型社会、学习型国家的时代背景下,作为实现终身教育、提高国民整体素质重要手段的社区教育而言,教育的对象是全体国民,社区教育是为提高国民整体素质而服务的。在推进我国社区教育发展的进程中,需要不断促进居民的知识更新,推动新技术,特别是现代信息技术的普及和应用,而且要注意引导居民的情感、培养居民的意志力和创新精神。创新,是社会进步的动力,仅仅依靠学校教育是远远不能满足社会对创新人才的需求的,只有鼓励所有社会成员,始终保持对新事物、新知识、新技术的热情追求和积极探索,形成万众创新、全民创业的格局,建设创新型国家,才能推动社会的不断进步。

第二,强化道德规范以"兴民德"。现代科学技术在突飞猛进地发展,人类对物质的需求也在日益膨胀,然而,人类的精神文明并没有随物质文明的高度发展而同步发展。恰恰相反,在经济发展的过程中,东西方文化的交流碰撞、资本原始积累过程中带来的一系列经济社会问题,以及某些不正确的舆论导向,使得社会道德、个人品德、家庭伦理等方面出现了一系列新问题,并且这些问题已成为中国式现代化建设新征程上迫切需要解决的严峻问题。社区教育也自然成为解决这一问题的重要助力。

在构建新时代道德价值体系的过程中,中华民族有着丰富的道德文化资源可以借鉴和传承。教育是润物细无声的,社区教育是直面社区居民的生活性教育,可以将道德教育融入居民的日常生活和社会活动之中,不受时间、空间的局限,使其无时不在,无处不在。陶行知先生说过,"千教万教,教人求真。千学万学,学做真人"。一个没有良好道德修养和道德情操的人是社会所厌弃的人,一个没有良好道德修养和道德情操的国家和民族,不可能有繁荣、强大、兴旺的美好前景。中华民族是一个有着五千多年悠久历史和灿烂文化的礼仪之邦,自古以来就视道德、伦理、礼仪为国之根本,在每一个历史时期都十分重视道德教育。社区教育应当在民众道德思想的涵养、精神境界的提升上,在日常生活中,在人与人、人与自然的相处中,培养公民践行社会主义核心价值观的自觉性和自律性,以"兴民德"。

第三,增强全民健康意识以"鼓民力"。健康是最大的生产力。毛泽东同志说过,"体者,载知识之车,而寓道德之舍也"。随着科技的进步,流水线式的工作对人们生活所产生的压迫感,令现代人的工作节奏加快、心理压力增大、脑力劳动强度提高、人际竞争加剧,"996"、加班、熬夜、秃头等成为当代职场人的代名词。人们迫切需要一种能平衡紧张的心态、消除焦虑的心绪、规避亚健康的心境和环境。党中央提出了建设健康中国的目标,明确要把保障人民健康放在优先发展的战略位置,全民健康的核心是以人为本。因此,社区教育要潜移默化地向全体民众传播健身意识,使"增强健身意识"不再是一句口号,而要落实到实际生活中去,使广大社会成员注重锻炼,增强体质。

社区教育应该积极争取民政、体育等部门,以及相关行业企业的扶持和支持,在居民小区内通过宣传教育、增添健身设施、开展群众性体育活动、组织趣味性体育竞赛、评选运动达人等方式全面推进健身活动。

第四,弘扬中华优秀传统文化以"化民俗"。《礼记·学记》有"君子如欲化民成俗,其必由学乎",其含义是通过普及教育,教化国民,提高民族的整体素质,使社会形成良好的风尚。世界各国都十分注重社会教育的教化功能,我国几千年的文明史和优秀的民族文化积淀形成的传统美德是中华民族赖以生存和发展的基础。以中华优秀传统文化为基础引领民风不仅是"为往圣继绝学",更是建设和发展新时代中华文化的必由之路。社区教育应当与时俱进地更新内容,在满足社区成员个体发展需要的同时,坚持本土文化传统性,紧扣时代发展的脉搏,增强教育的时代感。

在人们不断追寻幸福、达到自身完善的过程中,传统文化的作用不容忽视。中国的传统文化博大精深,举凡饮食服饰、琴棋书画、文学艺术、民风民俗、哲学思想,无不留下中国传统文化的印记。随着市场经济的发展,各种外来文化思潮涌入,与本土文化产生着激烈的碰撞,社区教育必须坚定文化自信,既要师夷之长,更当奋发图强。社区教育要肩负起弘扬中华优秀传统文化、丰富人们的精神、"化民俗"的历史重任。

第五,渗透爱国思想以"养民心"。古往今来,无论在哪一个国家,公民的爱国主义教育都是必不可少的终身课程。爱国主义教育,在新的时代背景下有着新的教育使命,即增强民族向心力、民族的责任感和荣誉感。爱国主义是国民对于自己祖国最深沉的感情,也是一个国家民族精神的精髓,更是激励和鼓舞民族团结奋斗的旗帜。实现中华民族伟大复兴的中国梦,正是当代爱国主义的核心内容。列宁说过:"爱国主义就是千百年来巩固起来的对自己祖国的一种深厚感情",我国改革开放的总设计师邓小平曾这样说过:"我是中国人民的儿子,我深情地爱着我的祖国和人民"。党的十八大以来,以习近平同志为核心的党中央高度重视爱国主义教育。习近平总书记强调,"爱国主义是我们民族精神的核心,是中华民族团结奋斗、自强不息的精神纽带","爱国主义始终是把中华民族坚强团结在一起的精神力量"。为此,党中央作出一系列重要部署,要求充分利用各种形式的教育资源开展爱国主义教育。从"爱党、爱国、爱家乡"的主题入手,社区教育作为全面实施爱国主义教育的重要终端,可以利用广阔的教育资源和丰富多样的教育方式渗透爱国主义思想以"养民心",鼓励广大民众关心国家、参与社会服务活动,培养"穷则独善其身,达则兼济天下"的爱国情怀。

第六,体现时代精神以"聚民意"。社会教育的一个重要的功能是推动社会的变革,它不仅表现在提高公民素质、提升人力资本、推动科技进步等方面,而且能够广泛了解民情、解决现实问题、缓解和钝化社会矛盾。社区教育是直面社会公众的教育,与人民生活密切相关,在一定程度上,社区教育是民情民意重要的宣泄口,疏导、引领、教育和协调有关方面,帮助群众解决"急、难、愁、盼"的现实问题是社区教育的重要职能。一方面,社区教育通过疏通、教育的方式,以社会主义核心价值观、法律法规、优秀传统文化、科学发展观等为课程内容,开展寓情于理的教育活动;另一方面,通过正常渠道,积极主动地向地方党组织和政府部门汇报有关情况,加快处理、解决问题的进程。

当然,社区教育的内容和形式都具有显著的时代性、区域性特征。一方面,教学内容决定着教学形式;另一方面,技术的进步、文化的传承,又不断创新教学组织形式和学习方式,进而使得社区教育不断突破时空的限制,为社区居民的学习提供更为有效的教学支持服务。

厘清教学内容,是课程建设的基本目标。教学内容如何确定、由谁确定,是区别社区教育与学校教育的前提。我们知道,基础教育的课程由省级教育行政部门确定,高等学校的课程包括国家统设课程和校本课程。高等学校一般从学科专业出发,设定培养目标,分解目标后设置课程,由院系,甚至是任课教师指定课程的情况也就成了基本操作。可以说,学生的参与仅表现在选修课程上,而这类选修课程往往是在指定范围内。而社区教育的课程虽由社区教育机构提供,但其来自两个方面:一是政府愿景,二是居民需求,并以前者为主导,后者为主体。

二、搭建学习团队

分析教学内容,是确定课程内容的前提。要真正明确课程内容,需要把握社区居民中真正参与课程的学习者(而非潜在的学习者)的规模、文化素质和学习条件(分析、化解可能的制约学习的因素)。传统课程理论是以学校班级教育模式为基础的,在特定专业下,根据该专业的人才培养方案,面向特定的学习组织,制订课程计划。社区教育是"面向人人"的教育,但既为教学,就不可能面对个体而只能面对"班级"——学习组织。社区教育课程建设的前提是建立一个或多个"班级",以一定的内容为引领,在社区吸引志同道合的学习者,形成学习团队,学习诸如老年保健、花艺、烘焙、书法、隔代教育等内容。事实上,社区教育实践恰恰是以"课程"为单元、通过实体或虚拟的"班级"组织开展教学的。学习组织的建设是社区教育的关键所在,通过遴选、培训"班级"的核心人物,增加班级成员之间的黏度和班级成员学习的有效性,提高"班级"的组织化程度。

这样的班级,有的学者称其为"学习共同体"——以学习内容为核心而聚集的一批学习者、研究者、兴趣爱好者、志愿者等。其间,往往会出现"转换式学习"的情况,这种师生之间的身份互换,也令教学活动更加生动、丰富,不拘一格而收效更好。

构建学习团队,需要做耐心细致的宣传、引导、组织、发动工作,特别是在城市社区之中构建学习团队,可以说是困难重重。为此,需要做精细的策划,尽量以公益性活动的方式吸引居民参与,在活动中去了解、体悟居民的需求,再以口头询问的方式加以确认。在这个过程中,再遴选出在社区有影响力并且能够积极参与该内容学习的人员,发挥他们在团队建设中的积极作用,从而稳定、扩大学习者规模,为课程的建设奠定基础。

三、丰富课程设计

课程设计的基本方法是系统方法。在社区教育领域,课程设计是将学习者置于其他教学要素下进行分析考量,以相关理论为指导,寻求学习者、学习内容、传递方式、教学组织形式之间的优化匹配方案,从而达成最优教学效果的活动。

社区是一个极其丰富而多元的概念,特定的社区往往具有独特的自然、人文和产业背景,社区教育的每门课程的教学设计都是一项创造性的工程。

当教学内容明确之后,首先要考虑的是建设怎样的课程,是显性课程还是隐性课程,是课堂教学还是户外教学,是群体性课程还是小组课程,是个体实践课程还是互动性课程,是一次竞赛还是一次游学,等等;以及教学过程中如何反馈、激励、评价、考核,如何在一次课程教学中融入更多的教学方法等。同样的课程,在一百个设计者手中就会出现一百种方案。因此,教学设计方案始终存在着优化的空间。

在没有直面特定社区的情况下,再好的教学设计理论都是无的放矢。因此,从社区教育实践的经验出发,笔者提出关于课程设计的几点原则性构想。

一是重视活动性课程。社区教育无须,也无法开设综合性课程,因为参学居民并非以获取专业文凭、职业技能为学习目标,而开展活动性课程则有利于学习者积极参与并互动,可以更好地激发其学习兴趣。

二是重视隐性课程。从严格意义上说,隐性课程并非完整的课程,但对社区教育的教学效果将产生重要的影响。在社区教育领域,区域的隐性课程无所不在,人文、自然景观、乡土文化、城乡环境、现代科技、企业文化等都可以成为隐性课程。斯基尔贝克认为,设计课程的最佳场所在学生和教师相处的地方,要充分发掘各类社会组织的作用,让所有的物件、场景都会说话,体现深刻的教育内涵。值得注意的是,社区教育机构的建筑、环境的营造,教学场景的布置等,要像照相时精心安排的背景一样,努力与教学对象和内容相融合,形成共鸣。

三是重视非正规课程。任何活动都可以成为课程,尽管这样的课程是非正式,甚至是非正规的,尽管其产生的教育效果不能以学校传统教育模式下达成教学目标的程度来衡量,但它对居民的教育影响却是积极而真实存在的。比如,一次邻里纠纷的处理、一场露天电影、一次节日聚餐、一次公益性家电维修活动等。只要做好教学设计,都会是生动、有趣、有效的教育活动,并且深受居民的欢迎。

四是重视通关式课程。社区居民参与社区教育课程学习是一种自发的行为,缺乏外界的约束,没有明确的计划,使得教学安排不甚稳定。由此,教学过程中的适时激励,对吸引公众和保持教学活动持续有效就显得尤为重要。通关式的课程设计,可以让学习者清楚地了解阶段性学习成果,保有成就感和持续的学习兴趣。学习过程中的即时激励,将会大幅提升社区教育的参与率和居民的获得感。

五是重视游学课程。游学(Journey Education),指远游异地,从师求学。它是世界各国、各民族文明中,最为传统的一种学习教育方式。《礼记·学记》中提道:"藏焉,修焉,息焉,游焉"。孔子率领众弟子周游列国,增进弟子的学识,培养弟子的品质;夸美纽斯提出"16岁个体需开始游学",诺贝尔游历俄美,达尔文环球考察……他们都从游学中获得了巨大的人生收益。"读万卷书,行万里路"不仅成为中国传承至今、家喻户晓的教育古训,"游学"也被正式载入官学的教学方法之中。寓学于游,让教学活动生动、快乐,是所有教育者追求的目标。游学,也是全民终身学习背景下的一种普适性教学模式。随着经济社会的发展和产业结构的优化,全国城乡遍布着丰富的旅游资源,社区教育从本地的资源入手,将其融入相应的课程,必将引起社区教育教学活动的重大变革,让学习成为更多社区居民的生活方式。

六是重视多媒体课程。媒体是知识、技能和情感表达的载体,在传统学校教育模式下,印刷媒体以文字、图片作为主要的信息传递方式;随着技术的进步,音像、电子媒体在教育教学中得到了广泛的应用,一些学校甚至把多媒体在教学中的应用列为教师的教学考核指标。事实上,无论技术如何进步、媒体如何发展,作为教学传递手段的媒体并无优劣之分。在教学过程中,不应只追求最先进、最高级的媒体,而应以最恰当的媒体、最自然的切换、最经济的方式承载相应的教学内容。在社区教育中,重视多媒体课程指要努力突破学校教育课堂教学、纸质教材、照本宣科的教学模式,借助多种媒体的复合运用,通过展示、模拟、情境化的方式,吸引社区居民,强化课程的感染力,提升教学效果。

七是重视乡土课程。中华优秀传统文化、时代精神、法律法规等社区教育的通识课程,从某种意义上说是国家课程;依托区域经济、文化以及自然禀赋资源等资源所建设的课程,在一定的区域范围内(即若干社区、乡镇甚至县域)是能够通用的,我们可以称其为"校本"课程;而乡土课程是基于特定社区的经济、文化、人口、地理等因素,由当地组织编制、实施的具有显著地域特色的课程。好的乡土课程的标准,简单地说,就是有用而不求有效,有趣而不求"规范"。有用指的是内容,有趣指的是形式。"一方水土养一方人",在我国经济社会发展不平衡的情况下,乡土课程更接近居民生活,更具针对性,更有利于教学活动的实施,更能促进社区教师和志愿者队伍建设,更便于加快课程的修正更新。乡土课程建设,在于应对一定区域内学习者的需求,并结合政府目标及区域中心工作、热点问题,提供相对精准的教育供给。此外,区域课程的建设应充分融入当地的文化、经济和社会建设发展之中,这不仅可以增强教学双方的互动,提升课程的针对性和有效性,而且也能够形成多重效益,进一步彰显社区教育的社会功能。比如,区域游学课程的建设,对于促进环境改善、拉动旅游经济、弘扬区域文化、推动民生改进都将产生积极的影响。

课程设计的要义是组织实施有设计的教学,相对于高校课程而言,社区教育的课程设计既复杂又简单。复杂是因为修习同一门课程的"班级"组成人员构成多样,年龄、职业、学习能力、学习基础教育各不相同,基于个体差异,要让学习者都能有所收获几乎是无法逾越的障碍;简单是因为社区教育考虑的是单一课程目标。由于课程之间是各自独立的,无须进行交互效应分析,而社区教育往往表现为"一技一艺"的形式,所以也无须考虑课程对整体教育目标的支撑作用。

教材和教学情境的设置,是深化教学设计的过程,面对不同的人群,应有不同的安排。对于人群的划分,不仅是要考虑其受教育水平、职业、家庭和经济收入水平,还要考虑其健康状况和时间安排等,所以这样的分类只能是粗略的。编制教材时,首先要考虑准备一本完整的文字教材,尽可能将教学内容表述得简洁明了;其次是要分析相关内容,将其难点、可辅之以电子媒体的、需要实践操作的,以及需要借助社区教育其他场馆资源开展教学的部分分离出来,另行编制教学活动安排。

在安排教学活动时,必须充分考虑社区教育其他场馆资源的不可控性,及时与相关机构沟通,列出可能的时间、地点安排,最后根据参学居民的分类情况,制定两套以上的教材及教学安排(包括过程中的反馈、互动、激励和评价)。将教材及教学安排下发至社区居民(不限于拟参学人员)后,在广泛征求意见的基础上,确定好相应的开课时间。这一环节难度甚大,必须争取地方党委、政府和社会各方面的大力支持。

第六章　社区教育教学组织

国内外相关研究和我国社区教育的实践表明,在社区(老年)教育课程教学活动中,教学的内容总体具有稳定性,而教学组织方式则变化多端。在不同的社区、面对不同的学习者,教师在教学资源的整合、知识(技能、情感)的传递及表达方式上可以尽情发挥,各显神通。对于同一门课程的教学,一名好的教师会基于当时的情境,在教学过程中对导入、互动反馈等环节作出适时调整。可以说,在社区(老年)教育课程教学活动中,除人本要素外,教学组织方式是最活跃、最具变化性的要素。

一、社区教育的组织方式

《教育部等九部门关于进一步推进社区教育发展的意见》明确指出,要"创新社区教育形式。创新教育载体和学习形式,培育一批优质学习项目品牌。在组织课堂学习的基础上,积极开展才艺展示、参观游学、读书沙龙等多种形式的社区教育活动,探索团队学习、体验学习、远程学习等模式。通过开设学习超市、提供学习地图等形式方便社区居民灵活自主学习。推动各地建设方便快捷的居民学习服务圈"。近年来,各地从地方实际出发,积极探索,取得了积极的成效。各类学习基地、各种教学成果展示活动、各地游学线路和项目、各种情境教学、丰富多样的学习竞赛等精彩纷呈,具有代表性的非课堂面授式教学组织方式主要包括以下几种。

①读书会。针对学习者的特点,向他们推荐同一类别不同层次的热门(或学习者普遍关注的)书籍,将学习者划分几个读书小组,在留足阅读时间后,后续开展交流探讨活动。

②案例点评分析。选择生活中的案例(包括反诈、食品安全、家庭矛盾、邻里纠纷、校园霸凌等),从法律、传统美德、社会主义核心价值观等多个维度进行剖

析,理清是非曲直,传递相应的知识技能,弘扬时代主旋律。

③各类竞赛活动。凡是行为性教学目标导向的课程内容,都可以作为个人比拼、团体竞赛的项目。从社区(老年)教育课程教学的实际出发,开展法律、理财、保健养生、交通安全、家庭护理、野外急救、食品营养等方面的知识竞赛;开展书法、绘画、声乐、烘焙、厨艺等技艺竞赛;开展健身操、太极拳、广场舞等群体性项目竞赛;举办包括非遗传承在内的技艺展示(基于各种原因无法比赛的项目)等。所有的竞赛项目内容,必须是基于社区(老年)教育课程的,所有的参赛人员都必须是社区(老年)教育课程的学员。一定规模的竞赛项目应主动向政府相关职能部门报备,并争取社会支持,特别是要做好后续的宣传报道工作,努力让学员在电台留音、电视留影。

④各类情境教学。利用图书馆、科技馆、文化馆、体育场馆、高校相关设施,建立或联合社会上非遗传承工作室等,在特定的场馆开展情境式教学,在实景、模拟式情境下,形成浸入的氛围,增进互动,强化课程教学效果。

⑤主题沙龙。针对社会热点话题、居民普遍关心的话题、当下热播的影视作品等,展开讨论、辩论,努力形成积极的共识。

⑥各种游戏和文化文艺活动。基于社区(老年)教育的特点,它的课程设计应遵循引导快乐学习的原则。"寓教于乐,努力让学习快乐起来"应该成为其口号和目的。开展各种有益于学员身心健康和个性化发展的游戏和文化体育活动,能够吸引更多的城乡居民参学、乐学,是促进全民终身学习的内在动因。

⑦游学。以游为形,以学为本,游学是一种历久弥新的教学方式,是社区教育,特别是老年教育的一种普适性教学组织方式。本节将对游学这一教学方式进行重点阐述。

第一,游学的源起及理论背景。作为我国历史上一种由来已久的教育形式,游学有着深厚的传统和两千多年的历史。开启游学的始祖是孔子,游学自春秋战国始,历经汉、唐的发展,在宋、清时期达到鼎盛。

北宋教育家胡瑗认为:学者只守一乡,则滞于一曲,隘吝卑陋。必游四方,尽见人情物态,南北风俗,山川气象,以广其闻见,则有益于学矣。春秋时期,孔子率众弟子周游列国,增进弟子见识,开阔眼界,培养品质,游学的核心是知识形成和人格养成。把"游"作为追求学识的一种有效的、有益的、有趣的路径,是孔子游学"志于道,据于德,依于仁,游于艺"的基础理念。基于此,孔子得出"知者乐水,仁者乐山""君子见大水必观焉"的经典感悟。这对后世亦产生了深远的影响,"读万卷书,行万里路"成为中国传承至今、家喻户晓的教育古训,游学成为正式载入官学的教学方法。

在国外教育实践中,游学也备受推崇。从现代教育学的观点看,游学这种新型学习模式顺应了当前的国际教育理念。美国教育家杜威提出"做中学"理论——在活动中学,从经验中学,只有把知识获得与生活场景中的活动联系起来,学习者才能从真正有教育意义和有兴趣的活动中学习,从而有助于人的成长和发展。我国近代教育家陶行知明确提出"生活即教育"的观点。社区教育游学线路(项目)的教学设计,充分体现了"生活即教育、社会即课堂"的理念,通过尊重学习者的学习自主权,发挥他们的主观能动性,极大地提升了居民的学习积极性和获得感。在游学活动中,学习群体中的成员彼此之间的沟通、交流、分享,促成了相互影响、相互促进的人际联系。这样一种基于合作互动的学习方式,对于建构知识体系和培养学习者的创新能力颇有成效。近10年来,刁元园、吴进等对社区教育游学进行初步的理论研究和积极的实践探索,并将游学定义为:集知识习得、文化熏陶、审美体验、技能获取、情感养成为一体,让学习者在游览式、交互式、自助式的体验中寻找到学习的乐趣,并获得个性成长与自我激发的教学活动。

第二,游学的教学目标取向。作为社区教育重要的教学组织方式的游学,其教学目标取向是多元的,涵盖了几种典型的目标取向。普遍性目标对应着学习者在德行、情操方面的学习,行为性目标对应着学习者在实践操作中某种技能的训练,生成性目标对应着学习者个体各自不同的感悟,表现性目标对应着学习者在具体的教育情境中各种元素的多元作用下所产生的个性化表现。以"碧螺春茶文化游学"课程为例,面对采茶、杀青、揉制、定型、泡茶、品茶、论茶各个环节,不同年龄、不同性别、不同阅历、不同地区的学习者所关注的重点绝不可能一致,妇幼喜采茶,善尝试者想炒茶,想习得一技之长者专注于茶艺,年长者爱品茶……游学,是一门特殊形式的课程,教师在课程开发过程中固然会预设教学目标,但"师傅领进门,修行在个人",在游学这个"门"中,每个学习者的感悟和收获不尽相同。美国教育家伊万·伊利奇说过:"个人一旦甘于接受别人用他们制定的标准来测量自己的个人成长,那么很快会用同样的标准来自行测量。""已经被学校化了的人无法获得那些测量不到的体验。"[1]这些话值得我们深思。

第三,游学资源的分类。所谓游学资源,一是具有一定的旅游价值,二是能够融入教育教学元素。从不同的维度可以对游学资源做出不同的分类,一般而

---

[1] 伊万·伊里奇.去学校化社会[M].吴康宁,译.北京:中国轻工业出版社,2017:48-49.

言,可以从资源性质、空间、对象等方面进行划分。从社区教育游学课程教学实践出发,此处主要讨论基于资源性质的分类。

①自然景观资源。自然景观是指受到人类间接、轻微或偶然的影响而保持原有面貌或未发生明显改变的景观,如极地、高山、大荒漠、大沼泽、热带雨林、田野或独特的地理地貌、奇特的自然现象,以及某些自然保护区等。

②人文景观资源。人文景观是指自然与人类创造力的结晶,反映区域独特的文化内涵,特别是出于社会、文化、宗教上的要求,并受环境影响与环境共同构成的独特景观。此外,还包括服饰、建筑、音乐等。

③红色文化资源。红色文化是在革命战争年代,由中国共产党人、先进分子和人民群众共同创造并极具中国特色的先进文化,蕴含着丰富的革命精神和厚重的历史文化内涵。它包括物质文化和非物质文化资源。

④产业文旅资源。产业文旅资源涵盖全部现代产业,包括行业(企业)展览馆、历史陈列馆、产品展示中心,现场参观、产品体验、参与生产操作或体验模拟生产环节等。

⑤科普知识资源。科普知识资源包括图书馆、博物馆、科技馆、文化馆资源,以及消防、疾病预防控制、应急救援等社会服务资源等。

第四,游学项目建设。社区教育的游学项目包括游学基地和游学线路两类,后者由若干游学基地、微课程串联而成。游学项目建设要解决为谁而建、靠谁来建、如何去建、怎样形成效益等问题。具体地,应落实以下几方面的要求。

①明确建设目标。适应学习需求,形成拉动机制;彰显游学特色,保证有效供给;整合区域资源,服务地方发展;创新运维机制,确保健康运营。

②坚持建设原则。保持政治方向和思想高度,弘扬主旋律;争取政府支持,力求实现多重效应;利用社会资源,做到合作共赢;多些"雪中送炭",少做"锦上添花";保证教育效益,兼顾经济效益。

③把握建设要点。确立项目建设方向——选定基础资源;争取社会广泛支持——反映政府、社会和公众愿景;分析相关营建环境——把握市场供需状况;制定项目建设方案——进行多维度可行性论证;建设中控制与反馈——过程中的调整与修正;实施过程应急预案——市场运行过程中的风险调控;理清课程开发思路——明晰游学项目建设的核心与载体。长期的实践经验告诉我们,建设游学项目,把握学习需求是前提,整合社会资源是基础,融入教育元素是核心,优化设计流程是关键,加大宣传推介是重点。

④严格建设流程。建设背景—教学目标—资源论证—政府愿景—寻求合

作—实施方案—课程建设—宣传推介—试运营—整改—验收—正式运营—过程管理—效益分析—课程修订—持续运营……这是一个循环往复、不断积累、不断修正的过程。项目建设与一般教学活动相比,是一个相对漫长的过程。

在这一过程中,需要清楚地认识并把握以下要点:游学基地的建设是为了城乡居民的快乐学习以及对美好生活的向往;游学基地的建设需要得到相关政府部门的支持,需要选址确定景观资源,居民需求、政府目标、企业利益必须由有形和无形的手去交涉协调;规模宏大的居民群体个性化的学习需求需要进行模块化的教学设计,从而在内容、形式、互动、激励、评价等多方面最大限度地满足学习者的需求,最大限度地吸引居民参与社区教育;针对游学过程中可能存在的安全隐患,需要制定预防措施和应急预案;游学结束之后,要了解参与者学到了什么、有什么感悟、动手做了什么、留下了什么、带走了什么……以考核整个游学活动的知识性、实践性、情感性、趣味性,以期下一步的改进。

第五,游学的教学设计。游学既是特殊的活动性课程,也是一种教学组织方式。其本身既是课程的要件,又隐含着极其重要的教学内容,需要进行嵌入式的教学设计。在游学过程中的嵌入式的教学设计主要包括以下两个方面。

一是在游学过程中,适时嵌入地导学。这是游学类课程的关键环节。面对特定的游学群体,在特定的情境中适时地给予学习引导,强化课程与教学的普遍性目标和行为性目标,激发生成性目标和表现性目标,将会大幅提升教育教学效果。失去了这一环节,往往会造成游与学的分离,导致游学课程的有形无实。

二是在游学过程中,增补附着的课程内容。游学一般以组团旅行的方式进行,附着教学内容包括行程安排,交通、食品、住宿安全须知及预防措施,应急处置,目的地简介等。这类课程一般以游学指南的方式(以较大字体印刷的纸质材料或手机推送)发放给参与者。

此外,游学课程既可以分为通识性课程和特色化课程,又可以分为带团课程和营地课程(见图6-1),可以遵循不同维度的课程结构来开展游学的教学设计。

第六,游学的价值分析。游学项目的建设汇聚大量社会资源,其价值何在?只有认清这一问题,人们才会以更客观的态度对待游学类课程的开发和游学基地的建设。当然,如果不是利用现有的旅游景观融入教学元素而"另起炉灶"新建,一则重复投入,二则耗资较大,其投入产出比将会让其价值大打折扣。遵循既定的目标和原则,分析游学的价值,大致体现在以下几方面:一是创新了社区教育的教学方式。目前,各地开展的社区教育服务活动,仍以集中式的公益性课堂教学为主。游学回应了学习者的需求,将课堂转换到乡村田间、现代化生产车

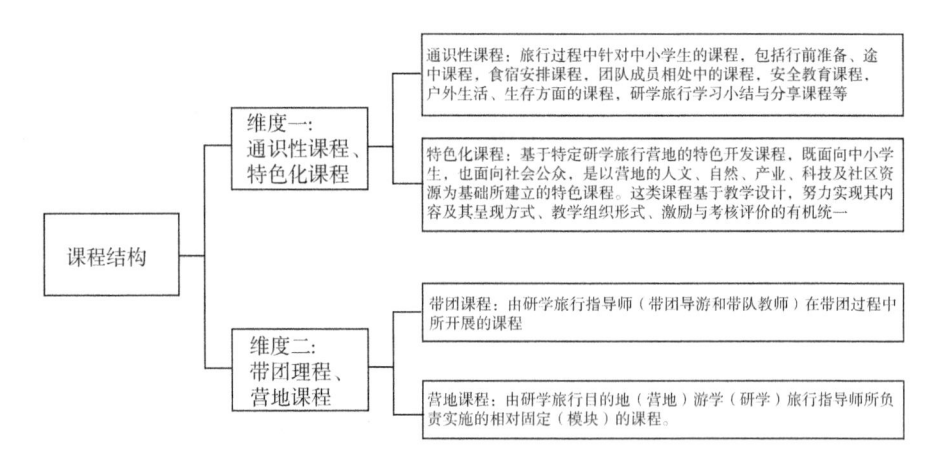

```
                                    ┌─ 通识性课程：旅行过程中针对中小学生的课程，包括行前准备、途
                                    │  中课程、食宿安排课程、团队成员相处中的课程、安全教育课程、
                      ┌─ 维度一：  ──┤  户外生活、生存方面的课程、研学旅行学习小结与分享课程等
                      │  通识性课程、│
                      │  特色化课程 └─ 特色化课程：基于特定研学旅行营地的特色开发课程，既面向中小学
                      │              生，也面向社会公众，是以营地的人文、自然、产业、科技及社区资
          课程结构 ───┤              源为基础所建立的特色课程。这类课程基于教学设计，努力实现其内
                      │              容及其呈现方式、教学组织形式、激励与考核评价的有机统一
                      │
                      │              ┌─ 带团课程：由研学旅行指导师（带团导游和带队教师）在带团过程中
                      │  维度二：    │  所开展的课程
                      └─ 带团课程、──┤
                         营地课程    └─ 营地课程：由研学旅行目的地（营地）游学（研学）旅行指导师所负
                                        责实施的相对固定（模块）的课程。
```

图 6-1　游学课程结构图

间、文创现场、旅游景点，使社区教育的供给得到了优化，学习场地从固定变为移动，学习方式从被动变为互动，学习内容从单一变为多元，学习者的参与热情无疑会受到极大的激发。二是打造了农村社区（老年）教育的新载体。长期以来，我国农村，特别是农村偏远地区的社区教育发展远远滞后于城镇。美丽乡村建设带动了一批乡村游学项目的兴起，从而一改农村社区教育的颓势，为乡村振兴助力，提升了社区教育对经济社会发展的贡献度。三是助推了多元主体参与社区教育。各级政府部门、各类教育机构一直参与和支持社区教育事业的发展。但长期以来，企业除了组织开展内部员工培训、继续教育培训，极少介入社区教育。产业游学类项目建设，为企业开拓了发展的眼界和渠道，甚至找到了新的增长点。四是对如何在社区教育中引入市场化机制进行了探索。社区教育以政府的公益性投入为主。面对城乡居民无限的学习需求，一味依赖政府的投入，意味着可能只是提供低端的、保底的教育服务，难以满足人民群众日益增长的学习需求。通过引入市场机制，实施游学教育项目，其费用由政府补贴、企业减免、个人支付三部分构成。这样，既减轻了财政的经费负担，又强化了企业的社会责任，更提升了居民的学习动力。

二、社区教育的班级教学

在讨论社区教育的教学组织方式时，无论我们如何努力"去学校化"，都无法避开一个重要的概念——"班级"。

社区教育强调个性化学习，但却不可能面向广泛的社区居民实施个别化教学。学校教育模式下的班级教学是指把年龄和知识程度相同或相近的学生,编成一定人数的班级集体,按各门学科教学大纲规定的内容,组织教材和选择适当的教学方法,并根据固定的时间表,向全班学生进行授课的教学组织形式。班级教学(class teaching)是工业社会发展以来的主流教学模式,是人们习以为常的教学组织方式,甚至已经成为人类教育活动的基因。虽然"去学校化"思潮引发了对学校教育和班级教学的反思,但班级仍然是最基本的教学组织。

既然组班的基本前提是"年龄和知识程度相近",并以"学科内容"为核心。那么"班级教学"模式适用于社区教育吗?如何组班?只有突破这些难点,才有可能真正有效地在社区教育中实施班级教学。

社区教育,是以学习者为中心的价值取向。很显然,"学科内容"被泛化了,所谓的"学科",基本上表现为具体的知识点和技能。对于一个特定的社区而言,把握学习者需求是构建"课程"的基础。在我国城市住房制度改革以后,原来单位人员相对集中居住的情况发生了很大的变化,一般而言,一个社区内居民成分广泛,各行各业无所不包,家庭及个人成长背景各不相同,学习需求和学习习惯偏好差异极大。由此,通过座谈、问卷等方式了解社区居民的学习需求是确定社区教育"课程"设置的前提。这里的课程,对应学校教育模式下的"学科内容",它是社区教育实施"班级教育"的核心,也是"组织"的功能化体现。

基于巴纳德的系统理论,因为社区教育的"班级"组织不具备"权限"去命令和支配组织成员的意志及行为,所以其更偏向于一种非正规组织,如果说正规组织是管理者和组织的逻辑,那么,非正规组织就是组织成员的逻辑。所以,在社区教育模式下,对于学习者的需求分析极为关键。

由于学习者个体之间的差异,在社区教育中实施班级教学时,需要根据学习者的学习特征对其进行细分。基于同一门"课程"的学习,细分指标包括以下几个方面。

一是年龄段。社区成员从学龄前儿童到高龄长者,男女老幼齐全。比如,同样是学习"剪纸"这门课程,不同年龄学习者的学习方式不同、选择体裁不同。老年人观察细致,下刀谨慎,往往先看老师讲解、示范,然后才动手;青少年未及看仔细,经常迫不及待拿起剪刀就下手。老年人喜欢传统、喜庆的剪纸题材,用于装点自己的居室;青少年则更偏重于卡通形象,以自己的作品作为向同学"炫耀"的资本。

二是受教育水平。社区教育的重要功能之一,是提高社区的组织化程度,提升学习者在人际关系节点中的地位。受教育水平的高低,不仅影响其价值取向,也影响着其交往的圈子,处于不同社会阶层中的人员,可以为学习而相聚,但这样的学习组织很难形成组织文化。尽管有一些在人员结构上具有互补性的学习组织,也能促进非同辈群体之间的交流,但作为"班级",如果需要共同学习、共同开展活动,会存在一定的局限性。

三是学习时间。职前、职中、职后人员的学习时间难以统一,在职人员的作息时间也有差异。即使是退休老人,由于各自承担的家务不同,学习时间也不尽相同。老年人学习往往选择在白天,青少年一般选择在周末,而在职人员的学习则会安排在晚上。按学习时间组班,也就成为社区教育不同于全日制学校教育的重要标志。

四是学习能力。社区教育课程一般不涉及高深的学科和高端的技术,与学习者的学历相关度不大,但却与个人的学习能力有关。学习能力不是绝对的,年轻人接受能力较强,而年长者经验比较丰富,针对不同的课程,群体之间互有优势。

五是成长环境。根据网络平台数据统计和现实开课情况,在社区教育课程中,生活类课程占比较大,而饮食起居生活习惯都与成长环境具有较高的相关性。为此,社区居民的原籍、长期生活的地区对他们选择什么样的课程有一定的影响。例如,同样都是学习烹饪,学习内容的差别却很大。滨海地区的人们学习烹饪海鲜,水网地区的人们学习淡水菜肴制作,山区的人们学习山珍的加工,所谓"一方水土养一方人",如果把淮扬菜系教学搬到四川的农村社区,估计很难广受青睐。

社区教育只有开设符合特定社区居民需求的课程,才能吸引社区居民参与;同时,社区教育课程只有细分人群、组建"班级",才能建成"学习组织"。学习组织的构建以课程为核心,课程以人为中心。教师不仅是课程的实施者,更是组织的维系者。教师一般不是个体,而是一个团队。这个团队包括教师、教学设计人员、教学辅助人员等。事实上,随着教育的发展,教学要素急剧扩张,学习组织的构成越来越丰富,学习的合作性也就越来越重要。在群体中学习,使得学习组织的建设显得更为重要。

三、社区教育的教学管理

与学校教育模式下的高层次专业技术人员不同,社区学习组织的教师是一个特殊的群体,其特殊性体现在以下几个方面:一是来源的广泛性,他可能是政府官员、企业精英、民间艺人,甚至是退休老人;二是学历层次的多样性,他可能是教授、研究员一类的学术精英,也可能是本、专科毕业生,甚至是在校学生;三是授课方式的独特性,可能是课堂面授、实践教学,也可能是创设一种体验式的学习环境,或者是在学习者工作过程中为其传道、答疑、解惑;四是非正规性,或许这些教师中的多数人不具备教师资格证书,他们的职业也并非教师,开展社区教育教学工作只是他们工作生活的一部分;五是公益性,无论他们从事什么职业,他们都有一个共同点,就是对社区教育工作的热爱,只有如此,才能全身心投入社区教育工作。目前,在成都、南京、上海等地陆续兴起的社区教育"能者为师"师资遴选活动,所选出的正是这样一批优秀的教师,他们造就了社区学习组织的领军队伍。

这支队伍包括专家团队、骨干教学团队和志愿者团队。专家团队负责课程的设计开发和教学指导,骨干教学团队负责教学实施,志愿者团队总体上负责导学、教学辅助工作,但其中的"能者"也可承担具体教学工作。

目前,在我国社区教育实践中,出现了各类学习组织,主要分为两类。

一是功能群体引领下的学习组织。此类学习组织以正式组织的功能性服务为引领,由基层社区教育机构组织实施,以满足社区居民日常生活所需的知识和技能的学习。例如:医院在开展便民服务的过程中,从义务为社区居民体检、养生保健宣传,到开设讲座、制作课程,再到以课程为牵引,在社区组织不同形式的"班级",使原本的公益活动、临时性讲座逐步形成开展系统健康教育的常态化学习组织;电商企业在家电产品下乡过程中的商品宣传、家电维护常识普及延伸到信息技术应用和电子商务培训,进而引导培养农村电商经营人才,形成稳定、持续学习的学习组织;以"非遗进社区"项目宣传为突破口,吸引青少年、老年团队形成学习组织,在传承中弘扬、创新中华民族优秀传统技艺等。当然,这类学习组织的管理是值得关注的,要围绕教育而展开,特别是要避免商家对其产品的片面和夸大宣传,防止社区教育的课程沦为营利的场所和工具。

二是个体带动形成的学习组织。在社区教育实践中,经常会发现一个人、一个项目孵化若干个学习组织的案例。沈阳市教育局推动"睦邻学习点"建设,就是一个成功的范例:在广大农村地区的屯子里,总有一些不甘寂寞的"能人",他们或有某方面的文艺天赋,或有某项技能,于是就广泛号召,把附近的居民请到家里学习,组成了一个个学习组织。沈阳市教育局通过成立"睦邻学习点联盟",组织开展师资培训、宣传发动和成果展示工作,有力推动了农村社区教育的发展。

江南地区某县级市是一个新移民比重较高的城市,如何让新市民融入,是社区教育面临的重要课题。从饮食入手,让外来务工人员用好本地的食材学做地方家常菜,是一条重要路径。经过调研,愿意参与课程的学生很多。但教师从何而来?去大饭店请,老师课时费太高,社区教育组织无法承担;课时费低了,厨师没有积极性。于是,只能委派机关食堂师傅到社区授课。为了调动居民的积极性,老师在第一次开课时,带了几条鱼到社区教育中心言传身教如何烧鱼,来了一批居民兴致勃勃地学习,学完带上烧好的鱼高高兴兴回家了;第二次还是如此,只是学习者人数多了,烧好的鱼不够分,于是社区教育中心的工作人员表示,"我们看到了大家的学习愿望高涨,但是总是公家出钱买鱼,我们办班也不能持续,愿意学习的下次可以自己带食材来,我们负责现场教学";第三次,来上课的人明显少了,老师的积极性也受到了挫伤,并且,老师如果经常来上课,也会影响自己的工作和生活。这门课程似乎难以为继,更别说建立常态化的学习组织了。下一次还能开课吗?教学双方内心都有些忐忑。食堂师傅走在街上,经常会有人操着不同的口音和他打招呼:"老师好!按你教的方法,我烧的鱼真挺好吃的,我们全家都喜欢,下次上课你再教我们做新菜吧。"几个人一夸,原本无人认识的食堂师傅心里一片温暖,一种存在感、成就感油然而生。提供了有用的"课程",让教学双方都有了获得感,课肯定还会继续开下去,居民自己带食材也在情理之中。

在社区教育师资队伍中,这样的案例有很多,这样的"能人"有很多,这样的学习组织也会更多。加强对这类组织的服务和管理,是推动其高水平建设的重要保障。虽然社区学习组织往往是非正规组织,但只是基于情感的联系是远远不够的。对于学习组织,可以通过民主协商机制,制定覆盖教学全流程的管理制度,包括基本管理规范、星级评定、授予荣誉称号、开展交流活动、教学成果集中或巡回展示等方面,以提高组织的活跃度和规范化程度。

对于组织成员,可以参照学校的管理办法,制定相应的管理细则,以增强其荣誉感和归属感,进一步激发他们学习的动力,强化组织内部的学习氛围。

与学校教育相比,社区教育的教学组织是一个更加宽泛的概念。跳出课堂教学,跳出物理空间,"班级"既可以是一个参加面授教学的团队,也可以是一个微信群;既可以是一个旅游团队,也可以是同乘一辆大巴、一趟列车或航班的群体。

学习的平台和机会随处可见,社区教育无所不在,我们每个人都身在其中。在新时代,社区教育工作者需要具备一双善于发现的眼睛和敢于担当的勇气,参与甚至引领学习组织的建设,为加快建设学习型社会、大力提高国民素质作出自己积极的贡献。

第七章　社区教育评价体系

教育评价,是指在一定的教育价值取向下,依据教育目标,制定评价标准,并通过使用一定的技术和方法,对评价对象的各种教育活动、教育过程和教育结果进行科学判定的过程。

教育评价的特点主要包括以下几个方面:教育评价是一个有目的、有计划的活动过程。教育评价应注重对资料的解释和对实践的考察。教育评价是一种反馈、矫正系统。教育评价要基于教育价值的判断,而不只是对教育情景或现象的描述。

在不同的参照系下,可以对评价作出分类,如诊断性、形成性与总结性评价;常模参照评价与标准参照评价;量化评价与质性评价等。

总体而言,教育评价不仅是对已有的教育活动满足社会及个体需要的程度作出评判,也是对整体教育活动的潜在价值作出判断,以期实现教育价值增值的过程。

相对于教育评价,教学评价是偏微观的。它是依据教学目标对教学过程及结果进行价值判断,并为教学决策服务的活动,也是对教学活动现实的或潜在的价值作出判断的过程。教学评价是研究教师教和学生学的价值的过程。教学评价一般包括对教学过程中教师、学生的表现,教学内容,教学方法和手段,教学环境等的评价。

教育评价事关教育发展方向,教学评价直接影响教学质量。有什么样的评价指挥棒,就有什么样的办学导向,就有什么样的教学质量。为深入贯彻落实习近平总书记关于教育的重要论述和全国教育大会精神,完善立德树人体制机制,扭转不科学的教育评价导向,坚决克服唯分数、唯升学、唯文凭、唯论文、唯帽子的顽瘴痼疾,提高教育治理能力和水平,加快推进教育现代化、建设教育强国、办好人民满意的教育,2020年10月,中共中央、国务院印发《深化新时代教育评价改革总体方案》。该方案同样为社区教育的发展指明了方向,为办好人民满意的高质量教育提供了方法论。

一、社区教育评价的现状

《教育部等九部门关于进一步推进社区教育发展的意见》下发之后,特别是中共中央、国务院印发《深化新时代教育评价改革总体方案》以来,各级政府部门、地方社区教育服务指导部门、成人教育协会等机构对社区教育的各类评估持续不断,颇有成效。其中有全国范围的社区教育县(区、市)级政府的"示范区""实验区"评估,有省、市范围的基层社区机构的"标准化""示范性"评估,以及成人教育协会、社区教育服务指导机构组织的课程分级评价。

这类社区教育开展的评估活动,虽然评价主体不尽相同,但由于评价主体的同质性,评价指标体系的框架、内容大致相近。其指标体系大致分为两种走向:一为社会本位价值取向下的"行政化"保障条件评价,二为学校本位价值取向下的"学校化"的目标评价。

如社区教育实验区评估、标准化社区教育机构评估、城乡示范性社区教育中心评估等,主要依据的评估指标体系就是《教育部办公厅关于印发〈社区教育示范区评估标准(试行)〉的通知》。这一指标总体而言是比较宽泛、粗放的,它所评估的范围,远不止社区教育本体,必然涉及党政机关、企事业单位、社会各界、广大社会公众。指标的约束力和评估对象的多元化、全覆盖的矛盾难以解决,导致评估最终往往流于形式,对社区教育未能起到明显的推动作用。

解读《社区教育示范区评估标准(试行)》中的下述条款,不难发现其中存在的一系列问题。

评估标准中的一级指标"领导与管理"下的三级指标 1.2.1 为"列入本地区的经济和社会发展规划、社区建设规划和教育事业规划之中,并加以认真落实",显然,将社区教育纳入规划(计划)是极其容易的,但如何加以认真落实,却无从考究;指标 1.4.1 提出将社区教育"纳入政府教育督导评估范围",但往往由于社区教育未被列入政府目标考核指标,这样的评估督导也就成了隔靴搔痒。

评估标准中的一级指标"条件与保障"下的三级指标 2.1.1 为"已建成区(县、市)、街道(乡镇)、居(村)三级社区教育体系",即便评估时三级社区教育体系已经建成,但由于地方性政策调整,撤销的城乡居民学校不在少数,如江苏等地的地方政府明确提出,为精简机构,社区居民学校一律不准挂牌,基于这一指标的社区教育"标准化"评估也就无从实施;三级指标 2.3.1 提出社区教育培训经费标准为按常住人口"每年人均不低于2元",由于"常住"数量难以确定,评估的真实性、客观性也难以保证。事实上,位于东部发达地区、有着教育大省之称的江苏,实施此项评估标准多年之后,苏中、苏北依然有很多县(区)未能达到每年人均2元的经费标准;指标2.4.2为"有一支相对稳定、适应社区教育需要的、专职、兼职和志愿者结合的社区教育辅导员(师资)队伍",这样的指标根本就形同虚设;在指标4.1.1和4.1.2中,社区成员"对社区教育的知晓率、认同率达80%以上","对接受社区教育服务的满意率达70%以上",在实际中,这个指标几乎很难达成。所谓的"知晓"是知道什么?"认同"和"满意"是指参加某一次活动(课程)、浏览了一下网站、还是听了一次课?学习时长是多少?满意的是内容、形式,还是学有所获?

类似这样的指标不在少数,这类指标的导向性十分模糊,往往令基层无所适从,更难以理解什么才是好的社区教育学校。由此,迎接评估就变成"应试"式的突击准备材料。

以社区教育示范区遴选标准为蓝本的各类社区教育评价指标大多都存在明显的缺陷。这类社区教育评价实践中所暴露的问题,不仅包括评价指标体系这一技术层面的,而且也包括行业内外、特别是业内人士对于社区教育认识层面的。因此,在实践中,只有厘清社区教育的内涵,明确社区教育的范畴,才能有的放矢地开展评估工作。

二、对社区教育评价的再审视

没有正确的价值取向,不但不能促进社区教育的发展,甚至可能误导社区教育。在社区教育评价中,谁是评价的客体?谁是最终的评价主体?到底如何评价?这些都是实施评价前首先必须解决的问题。

谁是评价客体?"职业教育就是就业教育"的论调虽有"制器而非育人"之嫌,但从社会本位价值取向出发,反映了用人单位和家长的立场;评价教学研究型、研究型高校时,考核其学科建设水平和专业发展水平,是基于学校本位的价值取向,是为了提高学校的声誉,争取更多的资源。评价社区教育,既无就业压力、也无利益驱动——即使把学校建设得富丽堂皇、声名远播,也不可能有"千军万马来过独木桥"。其价值取向只能是学生——居民学习者本位。社区教育实施以课程为核心支持的、面向居民的教学服务活动,评价社区教育绝对不是评价社区教育机构本身,而是评价课程。

第一,谁是评价主体。是政府部门、同行,还是第三方机构?对社区教育而言,这三者并无差别,都并非真正的评价主体。教育的真正目的在于办人民满意的教育,这源自中国共产党的初心,源自我国服务全民终身学习的教育体系的性质,也就决定了社区居民才是终极评价主体。

第二,如何评价。要回答这个问题,首先必须厘清以下几个方面的问题。

一是课程在社区教育中的地位。在学校教育模式下,课程就是教师在教室面向学生实施特定知识的教学活动。甚至有一种普遍认识认为,课程就是教材,课程开发就是编写教材。尽管这种认识是片面、不完整的,甚至是错误的,但仍然有一些学校就是这么做的。这种情况难免扩散到社区教育领域——很多时候,在社区教育课程评选时,评委们面对的就是印刷教材。根据前文对课程理论和实践的比较分析,社区教育是以课程为核心的教育教学活动,学习者决定课程设置、参与课程建设、开展课程评价。

二是社区教育活动与社区文化体育活动之间的关系。社区开展书画摄影展、歌咏比赛、读书节、广场舞大赛等,其中如果没有融入教育的元素、不是基于社区教育教学的成果展示,那就只是社区文化活动。而全民阅读、居民的自主学习等行为,是缺少"教"的群众自发性学习,是全民学习的范畴,与社区教育无关,即"跳广场舞不是社区教育,教广场舞才是社区教育"。

三是社区教育与区域人口规模、经济发展水平之间的关系。在影响社区教育的三大主要因素(经济社会发展水平、人口状况、政府重视程度)中,政府重视程度是最为活跃的因素,也是影响社区教育发展的最重要的因素。鉴于社区教育的成本投入远低于学校教育,以及人口状况的相对稳定性,政府重视或者"关键少数"的积极态度,成为社区教育发展的主要动力。由此,对于东西部地区社区教育发展给出不同的标准,显然是不合适的,主要原因有:一是在提高存量劳动力素质方面,西部地区比东部地区更为迫切。二是我国社区教育的实践表明,西部地区社区教育虽然起步较晚,但存在若干个快速发展的奇点;而在东部某些发达地区,由于重商轻文的传统,社区教育发展迟缓。因此,不能简单认为西部地区的社区教育发展水平低于东部地区。三是影响社区教育发展水平的人口规模和分布情况、经济发展水平等是短期内无法改变的因素,更加需要政府的支持。由此,加强政府重视是社区教育发展的必由之路。

四是社区教育阵地建设、人均经费与生产生活方式之间的关系。社区教育机构建设的重点在"人"而非"物"。东部地区文化教育事业相对发达,农村地区在原有的农村成人技术学校基础上建立社区教育中心和村民学校,设施、设备状况良好;城市社区相对场地较小,但存在着可供利用的公共文化资源。例如,江苏地区的社区教育机构已经覆盖城乡,阵地建设的任务已经完成,现在面临的主要问题是如何充分利用现有资源开展教育活动。而经济相对欠发达地区完全可以鼓励社会各界的居民个人建设更多分散的、专题性教学阵地。

社区教育面向社区居民,在人口密度较大、组织化程度较高的社区,较容易形成社区教育规模效应,所以教育投入的效率和效益相对较高,而在偏远地区、人口稀疏地区,由于社区教育很难形成规模效应,社区教育的人均投入水平会更高。

因此,对社区教育的评价固然要评价区域的政策环境、办学条件,但评价标准要契合地方实际,不搞"一刀切";要强化价值导向、问题导向,适时组织开展诊断性评估、形成性评估,少搞,甚至不搞"达标"评估;要定期开展课程与教学评价,多一点"百花奖",少一点"金鸡奖"。

教育是实现中华民族伟大复兴的基础工程,从这一点出发,社区教育的作用尤为重要。但教育的作用又是润物无声和滞后的,任何对社区教育功能的泛化和"贪天功为己有"的说法和做法,对社区教育的发展都是极其有害的。

三、社区教育评价的价值取向

社区教育评价是以美国教育评价学者古巴(E. G. Guba)和林肯(Y. S. Lincoln)等人为代表的"心理建构"评价为理论基础,强调在评价中充分听取与评价主体关联方的意见,在自然环境中用质性研究方法,由评价者不断协调各种价值标准间的分歧,最终达成基本共识的评价方法。由于社区教育的区域性、草根性,以及典型的"去学校化"特征,在评价中更应关注社区教育各要素之间互动的微观层面。由此"心理建构"的评价理论与社区教育之间契合度更高,如与社区居民、社区教育工作者之间的交流访谈,事实上已经构成互动评价的一部分。

由于社区教育对象的广泛性、内容的多样性、实施主体的多元性,其评价是复杂的。在受教育的过程中,对于青少年学习者而言,其教育的实施主体在各级各类学校,社区教育范畴的"青少年校外教育"仅是一种必要补充。对于在职成人而言,实施其职业教育的主体包括政府(购买公共服务的各类培训)、企事业单位(组织实施的岗位继续教育)、社会培训机构等,生活教育、国民素质教育既构成了成人教育的重要内容,又搭建了人际交流沟通的平台。对于老年群体而言,社区教育已然成为其主要教育方式和重要的生活方式。

面向不同人群,社区教育的教学内容、课程形式和评价方式不尽相同。以"课程"为媒介,青少年校外教育重在"正确"——以社会主义核心价值观为重点的素质教育；在职人群的教育重在"有效"——以解决实际问题为重心的应用型教育；老年教育的"有用"——以身心健康、快乐生活为目标。学习者本位价值取向下的教育评价对于同辈学习者群体而言是可行的，但对社区教育却不适用。社区学习者人员各异，喜好各不相同。在评估过程中，从面对不同类型教师、学习者的访谈中所得到的结果必然不尽相同。基于这样的分析，需要从学习者类别及其在参学人数中的占比、所涉及课程的性质特征、学习者参与学习的便利程度及相应的社会关联性等诸多方面加以整合分析，最终以学习者群体评价方式实施评估，从而获得相对准确的结论。

四、构建以"课程"为核心的评价体系

在对社区教育的评估实践过程中，使用频度最高的词是社区居民的"参与率""满意度""获得感"。其中，"参与率"是可测量的。"满意度"的测量是复杂的——标的不清晰，是对社区教育机构的环境、服务水平的满意度，还是对某门课程或是某位社区教育工作者的满意度？满意到什么程度？学习者个体间主观性差异如何平衡？这些往往都是无解的难题。而"获得感"更加无法测量，对于见仁见智的收获，再细化的评估指标也难以一一罗列，而且可能存在大量课程教学目标以外的"获得"。或许，这种模糊指标是合理的，却难以形成结论。可以预见，以这种方式评估，评估小组内部不同成员得出的结论一定有所不同，对不同机构作出的评估也很难平衡。因此，必须建立一种直接、准确、有效的评价方式和评价机制。

经过较长时间的实践探索，笔者给出以课程为载体的社区教育评价方式——由学习者个体直接对课程进行评价，并以加权累计方式，给特定区域的社区教育作出总体评价。值得注意的是，社区教育中个体的学习动机影响着教学评价的结果，这需要通过质性研究的方法，剔除其中不合理的成分。实践表明，可以通过下述现场统计的方法衡量社区教育一门课程的优劣，主要依据三项数据：参与课程学习的人数、课程复开次数和学习者稳定率。

设计一个简单的数学模型，就可以得出明确的结论。社区教育发展水平 C 为所开设课程的教学效果之和。某一课程的教学效果 $C_i = n(1+x_1)(1+x_2)(1+x_3)\cdots(1+x_m)$（$n$ 为首次开课时参加学习的人数，x_i 表示与上一次开课时的人员增减率，m 表示本课程重复开设次数，i 表示课程序号，C_i 表示第 i 门课程的评估得分）。

$$C = \sum a_i C_i \quad (a_i\text{ 为序号 }i\text{ 课程的加权值},i=1,\cdots,n)$$

课程赋权的依据主要是课程的内容。课程按内容分为"关系到党和国家重大战略、方针政策贯彻落实的课程""关系到区域经济社会发展的课程,化解区域内突出矛盾和解决公众普遍关注问题的课程""传承优秀传统文化的课程""生活类课程""娱乐类课程"五大类(在实际操作中,可以视情况进一步细分),权重依次由高到低。具体赋值由评估实施方在充分调研(包括课程内容的认定)的基础上,与受评单位沟通后确定。

而对于网络课程的效益评价,则可参照上述模型,以注册学习人数、点击总时长、点击平均时长等指标进行量化评价。

这样,我们就可以得到以课程核心、参加学习者规模为标准的评价方法。当然,社区教育的课程能否吸引公众的因素有很多,包括教学内容、媒体运用、教学组织方式、讲授水平、开课时间及地点、学习环境、学习群体的融合程度等。课程的设计、开发、应用、完善与管理等一系列环节可以使政府重视、社区教育师资队伍、社区教育条件建设和居民满意度等指标得以有效体现。课程效益评价在社区教育评估指标中的权重应占 60% 以上。

综合地方党委、政府对社区教育的重视程度,办学条件建设水平,课程评价结果,以及查阅档案资料、相关人员访谈、教学现场考察的情况,运用定量评估与定性评估相结合、总结性评估与形成性评估相结合的方式,就可以得出相对合理准确的结论。

第八章 农村社区教育发展背景

一、农耕文明与老龄文明

农村社区教育的环境,不只是当下实施乡村振兴的政策环境,也包括乡土文化的历史背景和人口老龄化、乡村人口"空心化"的人口状况。

农村是农耕文明的原点和主要传承地,也是老龄文明建设极其重要的载体。研究农村社区教育,必然无法脱离农耕文明和老龄文明的文化背景。

(一) 农耕文明

农耕文明,是人类发展史上的第一种文明形态。原始农业和原始畜牧业、古人类的定居生活等的发展变迁,使人类从食物的采集者变为食物的生产者,是第一次生产力的飞跃,人类从此进入农耕文明。后世的工业文明,以及后工业化社会的当代文明,都是在农耕文明的基础上发展而来的,所以迄今为止,我们的生产、生活中都保有农耕文明的一些理念、方式和文化,如耕读传家、勤劳朴素、守望互助、邻里和睦等。

农耕文明是相对于游牧文明和海洋文明而言的,相比之下,它是最原始、最封闭、最艰辛的文明形式。农耕文明本质上需要顺天应命,去守护土地,日出而作、日落而息。它不具备侵略性,而是需要靠天、靠地、靠自己的双手维持生计;它无须过多的交流和商战技巧,而是企盼风调雨顺,营造人和的环境。尽管农耕文明不都是田园牧歌,也有争斗和战乱,但与游牧文明和海洋文明相比,有着本质的不同。

农耕文明,是最久远、最具包容性的文化,不仅是人类发展史上最宝贵的遗产,而且在现代文明体系中依然占据着重要地位,有着强大的生命力。这种生命力不仅体现在精神、制度层面上,而且表现在生产、生活方式上。

地形的特点和土壤的性质直接影响着一个国家的政体。如土地贫瘠使人勤奋、俭朴、耐劳、勇敢和适于战争；土地膏腴使人因生活宽裕而柔弱、怠惰；地处深山的闭塞，使人们更加守旧、抱团，而一致对外等。

农耕文明的传承对当今的农村依然影响巨大：在精神文化方面，对个体来说，仍然崇尚热情、勤劳、善良、朴素，热爱土地、精耕细作等。对群体而言，农村是熟人社会，宗族、血缘、姻亲、邻里关系是最重要的纽带，村民们看重家庭，注重集体利益。在物质文化方面，有农书、山水田园画、木版年画、泥人工艺、彩灯、剪纸、手编工艺等，以及农耕文明遗存的大量的实物文化，如都江堰、坎儿井和各类农用器物等。

新时代文明是对农耕文明的传承和发展，在实施农村社区教育的进程中，农耕文明既是重要的历史背景，也是必不可少的重要资源。

（二）老龄文明

人口老龄化已经是全球范围内一个深刻而紧迫的议题。2023年10月，来自中国、美国、加拿大、日本等国的300多名专家学者及相关领域的政府官员、企业界人士等集聚江苏宜兴，以"老龄化与老龄文明"为主题，经过广泛而深入的探讨，形成了关于探索和构建"老龄文明"的共识。会议认为，老龄文明有以下三大要义。

一是从"文明"视角看待老龄化。首先，老龄化是技术、经济、社会发展的必然产物，是人类社会发展进程中的重大课题，必须实现由"问题意识"到"文明意识"的革命性转变。老龄并非生命的终结，而是生命的圆满。老龄文明要摒弃"夕阳心态"，进行生命时间意识的再构建，绝不能将老年人从社会生活的主场抛离至边缘地带。其次，老年人是文明的创造者和传承者。老龄文明构建了一种自然生命与精神生命为一体的生命价值观，充分肯定老年人在社会文明进程中的贡献，充分肯定和发挥老年人的价值，特别是精神价值，并以"回报"的伦理和行动，表明对老年人的文化尊重和现实关怀。最后，老龄化社会是人类社会的机遇。如果以消极态度对待，那么老龄化可能是社会的危机——事实上已经出现了一些负面现象；如果以积极的态度对待，那么老龄化则是创造中华民族新的文明的机会，可以重新整合社会资源，重构价值体系。

二是以"文明"进行老龄化社会的战略谋划和现实构建。老龄文明不只是老年人的文明，也不是如何对待老年人的文明，而是在老龄化进程中出现的新的社会文明成果。老年人需要了解、掌握、享受科技文明成果，人工智能技术在老照料领域的应用,也会伴生出伦理风险,要保护和坚守老年人的文明信赖,使科学技术真正成为老年人的福祉而非屈辱;要构建面向老年人的人文关怀,维持老年人的社会生活,不仅是物质供给,还有文化生活和精神消费,更重要的是构建其从养老模式、生活方式到临终关怀的理论体系和实践模式。老龄文明以提高老年人的生活质量和生命质量为追求,不仅要让老年人"活下去",而且要"活得好"。老龄文明的社会,不仅"适老""宜老",更要"怡老";老龄文明的社会拒绝"适者生存",拒绝将老年人绑在社会变化的腰带上,让他们跟跟跄跄地被时代拖着前行;老龄文明的社会,不只是老年人的社会,也不只是关心老年人的社会,而是人人共享的社会,是少者怀之、老者安之的社会,是"老吾老以及人之老,幼吾幼以及人之幼"的社会,是充满生机而又底蕴深厚的社会。

三是让"老龄文明"在理念和实践上成为人类文明进步的重要体现。老龄化社会的出现,不仅挑战了传统社会固有的底层逻辑,也创新了社会结构和话语体系。代表着工业社会的制度文明和信息社会的技术文明的养老保障制度、智慧养老模式,是构建老龄文明的基础。我国经济社会仍处于发展阶段,不同地区间的发展梯度,造就了老龄文明的多层次性;老年人的智慧和力量是整个社会文明中极其珍贵的财富,老年人不仅是社会财富的享用者,也是社会财富的生产者。由此,老龄文明拒绝社会在任何层面、以任何形式对于老年人产生偏见、无知和傲慢的态度。在"老龄化"背景下推进"老龄文明"建设,将开拓和建构人类文明史的新境界。

二、我国农村社区教育溯源

我国乡村教育的思想源远流长,它与中华五千年的文明史相生相伴。当然,早期的乡村教育并非以独立形态出现,而是蕴含于乡村社会实践之中。最早研究民国乡村运动史的陈序经在《乡村建设运动史略》(1949)一文中写道:"国人重视乡村的观念,本来很早,老子说:'修之与乡,其德乃长'(一个乡,几百上千人,靠什么来维持群居和生产秩序呢?依靠道德,如果没有道德,则会分崩离析);孔子说:'吾观于乡,而知王道易易也'(乡,同飨,指两人对坐饮酒。意思是从酒桌上,就可以看出道德礼仪水平);孟子说:'死徙无出乡,乡里同井,出入相友,守望相助,疾病相扶持'。此后,王阳明、吕新吾重视乡治,且制订计划、努力施行。"由此勾画出研究我国乡村建设思想渊源的线索。比如北宋神宗熙宁九年(1076),陕西蓝田吕大钧(1031—1082)首创的《吕氏乡约》,把社会民众相互帮助的要求用契约规范的形式确定下来。《吕氏乡约》的做法后经南宋朱熹推行于全国,成为中国农村很多地方采用的一种社会制度。在乡约制度下,透过教化,发挥人的爱心,为少数疲、癃、残、孤、独、鳏、寡者提供了社会保障。

农村的社区教育一直隐含在乡村教育之中。在今天的许多研究者眼中,二十世纪二三十年代的乡村建设运动在中国农村社会发展史也是十分重要的。影响较大的有晏阳初等在定县、衡山和新都的实验,梁漱溟等在邹平、菏泽和济宁的实验,卢作孚在重庆北碚的实验,黄炎培、江恒源等在徐公桥、黄墟、善人桥、沪郊的实验,高践四等在无锡黄巷、北夏、惠北的实验,陶行知创办的晓庄学校以及国民党中央和地方政府主持的五大实验县。乡村建设学派的理论探索和实验活动,是我国新农村建设理论的重要基础。

晏阳初和他的"博士团"在定县进行社会调查,诊断出当时中国农村普遍存在"愚、贫、弱、私"四大病症,然后采用学校教育、家庭教育、社会教育三大方式,来推行"文艺、生计、卫生、公民"四大教育;同时推广合作组织,创建实验农场,传授农业科技,改良动植物品种,创办手工业和其他副业,建立医疗卫生保健制度;还开展了农民戏剧、诗歌民谣演唱等文艺活动。梁漱溟及山东乡村建设研究院在邹平的实验,被称为邹平模式或孔家店式,一度成为全国乡村建设的中心之一。其办法是:把乡村组织起来,建立乡农学校作为政教合一的机关,向农民进行安分守法的伦理道德教育,达到社会安定的目的;组织乡村自卫团体,以维护治安;在经济上组织农村合作社,以谋取"乡村文明""乡村都市化",并达到全国乡村建设运动的大联合,以期改造中国。黄炎培、江恒源等人和中华职业教育社在徐公桥、黄墟、善人桥、沪郊的实验区建设徐公桥模式等公共事业。高践四等人在无锡设立民众学校、建设乡村小学、举办青年学园和训练班;成立乡村自治协进会,开展地方自治,进行民众教育与保甲合一的实验;指导农事和进行农业推广,推进农民合作,发展家庭副业,建设农村公共卫生等。陶行知和中华教育改进会创办了晓庄学校——晓庄模式。晓庄学校积极支持师生的民主革命活动,声援共产党领导的工人运动,最终被国民党当局关闭。综上所述,我们不难发现其中所蕴含的社会教育的成分,归结起来,就是教化乡民以开民智,发展实业以保民生。

以陈翰笙、薛暮桥等所代表的"中国农村派"对旧中国乡村问题进行了调查和研究。许涤新等形成了一批调研成果,如:《动荡底中国农村》《捐税繁重与农村经济之没落》《灾荒打击下的中国农村》《农村破产中底农民生计问题》《怎样改良农民的生活》等调研报告,以翔实的数据和马克思主义政治经济学家的眼光,揭露军阀割据和封建残余势力摧残下的农村动荡、凋敝、经济崩溃的局面和"捐税繁重的程度",描述"生计陷入绝境中的农民"的惨境,进行"解决农民生计的对策之检讨"。

钱亦石在《中国农村的过去与今后》中认为,"帝国主义和封建主义是宰割中国农民的两把尖刀",将其宰割成一幅千疮百孔的画面,批评国民政府"农村复兴运动之声,鼓噪全国,不幸到现在,还未看见农村复兴"。吴半农的《论"定县主义"》批评了"定县的工作是美国的金元铸成的",是"奢侈的游戏","没有哲学和理论……零星的乱干"等当时国内对于定县工作的责难,实事求是地评价了定县乡村建设的成绩和问题,认为"愚、穷、弱、私"四个字充其量不过是中国社会四个病态的现象而已。

以毛泽东同志为代表的中国共产党人对我国乡村革命和建设进行了艰苦的探索。从中央系列文件和《毛泽东选集》中的相关文章可以看到,中国共产党提出以土地革命为中心的反帝反封建的民主革命纲领,在革命根据地发布了许多土地革命的法令,在根据地的农村建设中始终围绕分田分地、减租减息、组织农会、扫盲识字、恢复生产、发展经济等方面展开。以毛泽东为代表的共产党人以及以陈翰笙等为代表的"中国农村派"的思想以及实践,经过了革命和风暴时期的探索、20世纪50年代中后期农村社会主义高潮初步实践和改革开放以来社会主义新农村建设重新兴起等几个重要阶段。中国共产党人的艰苦探索和社会实践及其所取得的辉煌成果,是我们总结、归纳和创立社会主义新农村建设理论的坚实基础。

三、乡村振兴战略推动农村社区教育变革

党的二十大报告指出:"全面推进乡村振兴。全面建设社会主义现代化国家,最艰巨最繁重的任务仍然在农村。坚持农业农村优先发展,坚持城乡融合发展,畅通城乡要素流动。加快建设农业强国,扎实推动乡村产业、人才、文化、生态、组织振兴。全方位夯实粮食安全根基,全面落实粮食安全党政同责,牢牢守住十八亿亩耕地红线,逐步把永久基本农田全部建成高标准农田,深入实施种业振兴行动,强化农业科技和装备支撑,健全种粮农民收益保障机制和主产区利益补偿机制,确保中国人的饭碗牢牢端在自己手中。树立大食物观,发展设施农业,构建多元化食物供给体系。发展乡村特色产业,拓宽农民增收致富渠道。巩固拓展脱贫攻坚成果,增强脱贫地区和脱贫群众内生发展动力。统筹乡村基础设施和公共服务布局,建设宜居宜业和美乡村。巩固和完善农村基本经营制度,发展新型农村集体经济,发展新型农业经营主体和社会化服务,发展农业适度规

模经营。深化农村土地制度改革,赋予农民更加充分的财产权益。保障进城落户农民合法土地权益,鼓励依法自愿有偿转让。完善农业支持保护制度,健全农村金融服务体系。"党中央始终把实施乡村振兴战略放在极其重要的位置,目标明确、内容全面、措施扎实,是新时代指导"三农"工作的行动纲领。

(一)乡村振兴战略形成的历史轨迹

改革开放以来,从1982年到2024年,中共中央、国务院共发布了26个关于推进"三农"工作的年度中央一号文件。中央一号文件成为党和国家制定"三农"工作方略的专有名词。笔者对26个中央一号文件的粗略梳理如下,读者可以从中了解"乡村振兴"战略的形成轨迹。

对"小农经济"的激励阶段(1982—1986年)。五个中央一号文件表述的核心思想是一个"包"字:包产到户、包干到户、家庭联产承包责任制,并从理论上阐述了家庭联产承包责任制"是在党的领导下中国农民的伟大创造,是马克思主义农业合作化理论在我国实践中的新发展"。这一时期的政策,极大地激发了农民的生产积极性,在十年"文革"造成国民经济濒于崩溃的情况下,这种"小农经济"模式,促使农业生产水平迅速提高。

围绕"三农"的政策叠加阶段(2004—2012年)。九个中央一号文件,围绕提高农业综合生产能力、促进农民增收、推进社会主义新农村建设、积极发展现代农业、加快构建强化农业基础的长效机制、加大统筹城乡发展力度、加快水利改革发展、加快推进农业科技创新等与"三农"息息相关的方面,出台了一系列的引导性政策。从系统分析一号文件的视角出发,这是我国"三农"政策的调整期。

系统性政策的形成阶段(2013—2017年)。五个中央一号文件,涵盖了多方面内容:从加快发展现代农业、进一步增强农村发展活力、规范农村生产性土地流转,到全面深化农村改革、加快推进农业现代化、改善乡村治理机制;从加大改革创新力度、加快转变农业发展方式、加强农村法治建设,到加快农业现代化、实现全面小康目标、加强资源保护和生态修复,推动农业绿色发展、增强农村发展内生动力,再到加强和改善党对"三农"工作指导;从深入推进农业供给侧结构性改革、加快培育农业农村发展新动能、壮大新产业新业态,到拓展农业产业链价值链、强化科技创新驱动、夯实农村共享发展基础;从强化科技创新驱动、引领现代农业加快发展,到补齐农业农村短板、夯实农村共享发展基础、强调加大农村改革力度、激活农业农村内生发展动力。这一时期的中央一号文件从加强党的建设,到推进农业供给侧结构性改革,从绿色发展到生态环境修复,从乡村治理到建设农村共享发展机制,涵盖了"三农"的全部工作,也建立了与经济社会发展各个领域之间的有机联系。经过这一发展时期的探索,乡村振兴的总体思路已现雏形。

2017年10月,党的十九大报告向全党、全国人民发出"实施乡村振兴战略"的动员。报告指出,农业农村农民问题是关系国计民生的根本性问题,必须始终把解决好"三农"问题作为全党工作重中之重。要坚持农业农村优先发展,落实"产业兴旺、生态宜居、乡风文明、治理有效、生活富裕"的总要求。至此,以科学发展观为引领,经济建设、政治建设、文化建设、社会建设、生态文明建设融入对"三农"问题的审视。

乡村振兴战略实施阶段(2018年至今)。迄今为止,每年发布的中央一号文件,坚持以习近平新时代中国特色社会主义思想为指导,贯彻落实党的十九大、二十大精神,始终要求"各级党委和政府要提高对实施乡村振兴战略重大意义的认识,真正把实施乡村振兴战略摆在优先位置,把党管农村工作的要求落到实处"。《中共中央 国务院关于实施乡村振兴战略的意见》提出了"三步走"的目标:"到2020年,乡村振兴取得重要进展,制度框架和政策体系基本形成;到2035年,乡村振兴取得决定性进展;到2050年,乡村全面振兴,农业强、农村美、农民富全面实现"。六年多来,党和国家围绕乡村振兴总目标,以持续推进乡村"产业振兴、人才振兴、文化振兴、生态振兴、组织振兴"为举措,不断总结经验、诊断问题,深入推进农业供给侧结构性改革,强化农村补短板保障措施,解决发展过程中的新矛盾,迎接国际环境的新挑战,致力于脱贫攻坚、乡村建设与治理、粮食安全、文化建设、农民增收等一系列重大工程的实施,农村面貌、农业生态、农民收入都得到了大幅改善。

(二)乡村振兴战略对社区教育的期望

从党的十九大报告到中央农村工作会议,从党的二十大报告到习近平总书记一系列重要讲话中,人们不难发现,迈向新时代的乡村振兴战略,是基于新思维、新理念、新思路的伟大战略。这一战略的提出和实施,不只是对历史的回眸,更是在新时代、新矛盾背景下,基于解决农村产业调整、农村生态环境资源的破坏、农村基层党建存在薄弱环节和促进乡风文明建设及农民素质提升问题的理论创新。这是哲学层面的系统思维,它把"农村"还原为"乡村",还原为一个经济、文化、政治、历史和现实的中华文明载体。

建设教育强国是中华民族伟大复兴的基础工程,教育在乡村振兴中发挥着基础性、先导性作用。党的十九大报告中首次提出"实施乡村振兴战略"时,有"加快推进农业农村现代化"的表述,与以往的"推进农业现代化"相比,增加了"农村"两个字。"农村"二字,蕴含着极为丰富的内涵,农村的现代化不只是农业的现代化,而是整个农村社会的现代化,这也确立了农村社区教育的使命和责任。确立乡村振兴战略,不仅是建立在深刻认识我国城乡关系变化趋势,总结国内外城乡发展规律,学习借鉴其他国家实现农业农村现代化正反两方面经验教训基础上的新战略,也是我们党在农业农村发展理论和实践上的又一次重大飞跃。以乡村涵盖农业农村的所有问题,改变了过去单纯强调农业现代化和新农村建设目标的提法,丰富发展了统筹城乡发展理论,把解决"三农"问题放到重构乡村发展战略目标任务的高度来进行谋划,拓宽了解决我国"三农"问题的发展思路,扩大了战略目标的范围,提升了战略目标的高度,使我国"三农"问题变为一项综合性的系统工程,具有整体性、全面性的特点。乡村振兴战略是在新的发展理念下提出来的,它不仅为新时代我国"三农"工作指明了方向,也成为未来解决"三农"问题、全面激发农村发展活力的行动指南。由此,社区教育已然成为乡村振兴的重要基石。办好农村社区(老年)教育事业,是党和政府的殷切期望,也是农村居民的热切期盼。

党的二十大报告指出:"全面推进乡村振兴。全面建设社会主义现代化国家,最艰巨最繁重的任务仍然在农村。"

坚持城乡融合发展,畅通城乡要素流动——需要构建新型的城乡关系、城乡居民之间的关系,需要通过大幅度提升农村人口的综合素质和人力资源水平,以保障各要素之间的双向流通。

加快建设农业强国,扎实推动乡村产业、人才、文化、生态、组织振兴——需要有效的教育支持,培育经济发展新动能,带动产业转型,需要各类专业技术人才队伍的交流、交融,需要培养一大批"土专家"解决"乡土"问题,需要以时代方式传承优秀传统文化,需要以时代精神增强文化自信,需要改变落后的民风民俗、培养健康的生活方式和绿色发展的理念,需要加强对基层党员的教育,使其始终保持本色,在乡村振兴的征程中发挥先锋模范作用。

全方位夯实粮食安全根基——需要坚持法律法规教育、优质高效农业技术教育、粮种安全教育、科学生活教育。

统筹乡村基础设施和公共服务布局,建设宜居宜业的美丽乡村——需要树立大局意识、培养谦和美德和社会公德,确立健康向上的审美价值取向。

巩固和完善农村基本经营制度,发展新型农村集体经济——需要培养一批农村新经济体带头人和高素质的员工。

深化农村土地制度改革,赋予农民更加充分的财产权益——不仅需要法律法规的保障,更需要培养农民的市场经济意识和契约精神。

在努力达成"产业兴旺、生态宜居、乡风文明、治理有效、生活富裕"总目标的进程中,教育的基础性作用无所不在。乡村振兴,百业新旺。万事当前,教育唯先。党的二十大报告明确指出,要"健全学校家庭社会育人机制……建设全民终身学习的学习型社会、学习型大国",必须"深入贯彻以人民为中心的发展思想,在幼有所育、学有所教、劳有所得、病有所医、老有所养、住有所居、弱有所扶上持续用力,人民生活全方位改善"。

习近平总书记在十八届一中全会后中央政治局常委与中外记者见面会上有一段充满深情的讲话,他说:"我们的人民热爱生活,期盼有更好的教育……人民对美好生活的向往,就是我们的奋斗目标。"重温这段讲话,让我们对社区教育的发展方向和重要意义有了更为深刻的领悟。在农村这片广阔天地里,在实施乡村振兴战略的进程中,作为社会教育重要实践形式的社区教育大有可为。

第九章 农村社区教育发展现状

一、农村经济社会环境新特征

生活环境在一定程度上决定了人的生存状态。"生存状态"是生态新概念，指生物体在生存过程中由于自身因素及外界因素的复合影响而形成的综合状态。对于个体而言，改变始于自身，随后改变外界因素，最后改变生存状态。乡村振兴战略的实施，不只为改变农村居民生存的外部环境，更是要改变农民本身。改变的力量源自知识，知识是人类进步的阶梯。

（一）农村产业结构与农村人口的分类

"农村""农业""农民"是三个相伴而生的词汇。农民，播殖耕稼者。"农民"一词最早见于《谷梁传·成公·元年》中的"古者，有四民，有士民，有商民，有农民，有工民"。"播殖耕稼"就是农业，不同于城镇的农民聚居地就是农村，被赋予"为城市生产粮食"的功能。随着我国经济社会的发展，改革开放以后，特别是实施乡村振兴战略以来，基于农村的二、三产业蓬勃发展，农村人口也不断从农业向二、三产业转移，第一产业在地区国民生产总值中的占比也逐步下降，农村的产业结构发生了根本性的变化。

笔者随机分别选取我国东、中、西部的一个省辖城市，分别是山东潍坊、河南洛阳、甘肃定西，并对2019—2023年这三个城市下辖的县（不含区、县级市）的第一产业在地区生产总值中的占比进行分析。2023年，各县地区生产总值的数据为：潍坊所辖临朐县为430.3亿元，一产占比11.24%；昌乐县为419.1亿元，一产占比14.5%；洛阳辖区内新安县为470亿元，一产占比11.36%；洛宁县（2022年）为116.5亿元，一产占比25.8%；宜阳县（2022年）为342.1亿元，一产占比11.49%；伊川县（2022年）为449.4亿元，一产占比7%；嵩县（2022年）为230.6

亿元,一产占比 12.9%;栾川县(2022年)为 303.7 亿元,一产占比 4.97%;汝阳县为 206.3 亿元,一产占比无数据;定西所辖临洮县为 110.2 亿元,一产占比无数据;岷县为 69.4 亿元,一产占比 20.96%;通渭县(2021年)为 61.6 亿元,一产占比 19.1%;渭源县(2022年)为 51.3 亿元,一产占比 35.9%;漳县(2019年)为 23.7 亿元,一产占比 24.51%。这一组数据表明,无论是东、中、西部,县域以农业为主的产业结构已经发生了显著变化。这种变化表现为:在政府宏观政策调控下,一是我国高新技术产业快速发展,在国民经济中的比重也显著提升,成为推动产业结构优化升级的重要力量;二是随着经济的发展和人民生活水平的提高,服务业在我国产业结构中的地位日益凸显;三是农业占比持续走低。

这样的产业结构变迁,也必然影响农村人口的从业状态。据此,根据收入来源,有学者对农村从业人口进行了以下分类:一是纯农——其收入 80% 以上来自第一产业;二是兼工——其收入 60% 左右来自第一产业;三是兼农——其收入 40% 左右来自第一产业;四为非农——其收入 20% 以下来自第一产业。

不同地区不同的产业结构,影响着当地居民对社区教育的需求。

(二) 产业结构变迁的动因分析

引发产业结构变迁的因素是多方面的,既有自然资源变化等外部因素,也有人类社会自身发展的需求,主要包括以下三点内容。

其一,市场需求是产业结构变迁的重要驱动力之一。随着经济社会的持续发展和社会财富总量的累积,市场需求总量大幅提升,并呈现出多元化、个性化的特点,对产业结构产生了深远的影响。首先,消费需求的升级推动了产业结构的优化。随着居民收入水平的提高,消费者对产品的品质、功能、品牌等要求越来越高,这促使企业加大技术创新和产品升级的力度,进而推动产业结构向高端化、智能化方向发展。其次,服务需求的增长加速了产业结构的服务化转型。随着信息技术的快速发展和普及,人们对于交通、教育、医疗、文化娱乐等服务的需求不断增长,服务业在国民经济中的地位逐渐提升,成为推动产业结构变迁的重要力量。最后,国际市场需求的变化也对产业结构产生了影响。随着我国对外开放水平的不断提高,国际市场的需求变化对我国产业结构的影响日益显著。企业需要密切关注国际市场动态,及时调整生产结构和产品布局,以适应国际市场的需求和竞争态势。

其二,技术进步对产业结构的推动作用。技术进步是推动产业结构变迁的重要动力之一。首先,技术进步促进了新兴产业的诞生与发展。随着科技的日新月异，一些基于新技术、新材料、新工艺的新兴产业逐渐兴起，如电子信息、生物医药、新能源等。这些新兴产业的出现，不仅丰富了产业结构，也为经济增长提供了新的动力源泉。其次，技术进步推动了传统产业的改造与升级，对于传统产业而言，技术进步意味着生产效率的提升、产品质量的改善以及资源利用率的提高。通过引入先进的生产技术和设备，传统产业得以焕发新的生机，实现转型升级。最后，技术进步还促进了产业间的融合与协同发展。随着信息技术的广泛应用，不同产业间的界限逐渐模糊，产业融合成为新的发展趋势。技术进步为产业融合提供技术支持和可能，推动了产业结构的优化和升级。

综上所述，技术进步对产业结构的推动作用体现在新兴产业的诞生与发展、传统产业的改造与升级以及产业间的融合与协同发展等多个方面。事实上，几次工业革命，不仅带动了产业的转型升级，也改变了社会生产方式和人类的生活方式。

其三，政府对产业结构的调控作用。政府在产业结构变迁中扮演着至关重要的角色，其通过制定和实施一系列措施，有效引导产业结构的优化和升级。首先，政策法规通过明确产业发展方向，为产业结构变迁提供指引。甚至以"有形的手"，通过"关停并转"直接干预产业结构。其次，政府通过制定各种引导性政策，推动产业结构调整，比如，通过取消农业税的方式，减轻农民负担，保障粮食安全。最后，政府还通过规范市场秩序，保障产业结构基于市场经济环境下的顺利调整。

（三）产业结构变迁对"三农"的影响

产业结构变迁是经济发展的重要标志，产品日趋丰富，商品流通加速，人们的需求也得到了越来越充分的满足，生活方式也随之发生改变。对于"三农"而言，农村交通、商业网点、通信等基础设置建设水平大大提高，医疗、教育、文化、体育等公共服务设施日趋齐备，农村面貌发生了深刻的变化，城乡鸿沟逐步缩小，农民的经济收入不断增长，生活水平稳步提升。

此外，"三农"的变化还表现在以下几方面。

一是第二、三产业逐步大举进入农村。从农产品加工销售、地方资源开发利用到金融、物流、科技产业入驻，再到文化旅游、养老产业兴起，不少地区出现了三产融合新态势，产业兴旺可期。

二是物资和商品供应充足。农村告别了延后的"短缺经济"时代，便捷的交通和物流，使得大量商品进入农家生活，农民的基本消费需求得到了满足。

三是劳动人口快速向城市迁移。对农村劳动力而言，在寻求建筑、家政、交通物流、餐饮服务等技术含量低的职业岗位上，城市有着更多的就业机会，大量人员进入城市，为城市的发展贡献力量。

四是精神文化生活更加丰富。通信技术和影视产业的发展，让线上的文化艺术产品真正走进农村千家万户；农村公共服务基础设施建设，也创造了一定的学习、休闲和娱乐空间。

五是农民素质得到明显提升。农民的知识文化素质、卫生与健康意识、市场意识、法律与维权意识、社会化水平等有了普遍提升。

当然，产业的变迁本身并不平衡，同时也带来了新的问题和新的矛盾，主要表现为以下几点。

一是发展不平衡、不充分矛盾下的区域差异。由于自然禀赋、区位和经济基础水平的差异，农村不同区域之间的发展不平衡状况并未缓和。一方面，偏远落后地区农村"看病难、看病贵、择校难、上学贵、养老难、养老贵"等问题，仍然是人民群众的操心事、烦心事。另一方面，经济与生态发展严重不平衡，虽然"绿水青山就是金山银山"的理念逐步深入人心，但将绿水青山真正转化为金山银山，还将是一个漫长的过程，需要有切实的举措。"杀鸡取卵"式的生产经营方式依然存在，人民对美好环境与生态的需要与生态环境总体不佳的矛盾仍很突出。

二是经济社会发展水平上的发展不充分，主要指发展不足、潜力释放不够、发展中还有很多短板，发展水平特别是人均水平同世界先进国家相比还有不小距离。同为农村，区域之间差距悬殊，以2022年农村居民人均可支配收入为例，如苏州市突破43 785元，绵阳市为22 726元，定西市还有23个乡镇低于4 300元。

三是"小农经济"与集约化大生产模式并存。由于地理环境、经济发展水平的差异，也由于农业生产受天气、季节变化的影响，在一定时期、一定区域内，小农经济具有强大的生命力，一家一户"条块"式的生产经营方式依然存在。

四是新的生产要素的引入与农村人口之间出现矛盾。一方面，在劳动力、土地、资本之外，企业家、技术、信息等作为新的生产要素进入农业、农村，一批新"农人"下乡，使得一些地区的"原生态"发生重大的改变。另一方面，乡村"原住民"受农村的相对封闭性、教育水平偏低等因素的影响，总体文化素质不高，文化的冲突必然存在。

五是乡村振兴战略实施的基本力量与农村人口"空心化"之间的矛盾。实施乡村振兴战略的最重要的力量是人，包括管理、技术人员和普通劳动者。从目前的情况看,虽然各地都纷纷配备大学生村官,但尚难发挥主导作用,而农村人口"空心化"的现象,造成人力资源的严重短缺。

六是我国传统文化与西方思潮、时代精神与宗教文化之间的矛盾。实施乡村振兴战略,不仅要推动乡村经济社会发展,而且要提升政治、文化、思想建设水平,并以社会主义核心价值观为引领,走出一条有中国特色的乡村振兴之路。然而,一段时期以来,西方思潮对我国公民、特别是青少年的冲击持续不断,民族文化虚无主义泛滥。在农村地区,宗教领域的问题频出。非法宗教活动、乱建宗教活动场所、滥塑宗教造像屡禁不止,宗教商业化、私自组织朝觐、私设聚会点、网上非法传教、利用宗教习俗敛财等现象不同程度地存在;一些地方农村境外势力利用宗教进行意识形态渗透,一些地方农村宗教极端主义蔓延;一些地方农村宗教干预公共事务,利用教法干预司法、干预婚姻,宗教领域的矛盾呈现出复杂性,成为影响乡村振兴、国家安全和社会稳定的重大问题。

此外,还存在资源消耗过度、乡村环境恶化、农业地位下滑、传统道德淡漠、贫富差距急剧拉大等问题。党和国家始终关注这类问题,并出台了一系列政策。"乡村振兴"战略的实施,标志着我国"三农"工作进入新时代。

二、农村社区教育发展模式与困境

我国农村社区教育是在农村成人教育的基础上发展起来的。改革开放以来,农村成人教育在宣传党和国家的方针、政策,传播农业技术,扫盲教育等方面作出了积极的贡献,形成了以乡镇成人学校(教育中心)为主体、辐射村(居)的办学体系。乡镇成校教育位于教育乡村振兴的最前沿,直面"三农",是亿万农民实现"致富梦"的"第一课堂"。1999年国务院批准的教育部《面向21世纪教育振兴行动计划》中提出"开展社区教育实验工作",各地乡镇成人学校逐步更名为社区教育中心(自2005年教育部发布《关于实施农村实用技术培训计划计划的意见》中要求"继续办好乡镇、村成人文化技术学校,继续开展骨干学校建设活动"后,在教育部网站和相关年报中再未检索到"村成人文化技术学校"一词)。2016年,《教育部等九部门关于进一步推进社区教育发展的意见》发布以后,各地依托县级广播电视大学(开放大学)设立社区学院,县域两级社区教育组织体系初步形成。多年来,乡镇社区教育中心承担了农村90%的农村实用技术培训和50%的农村劳动力转移培训,以及占乡(镇)总人口的一半以上的就业人口的教育培训任务,为提高农民整体素质、助力增收致富、弘扬主旋律、传承中华优秀传统文化、丰富群众文化活动、满足群众多样化的学习需求、促进社区治理和社会建设等做出了富有成效的努力,社会影响力不断提升。

根据中国成人教育协会乡村振兴专业委员会的调研,目前乡镇社区教育中心有以下几种运行模式。

一是"独立法人"模式。独立法人模式是指乡(镇)社区教育中心具有机构编制部门审批的组织机构代码和事业单位法人证书,有独立办学场地、固定的人员编制和独立办学经费。在调研的17省市中此类学校仅占16%。

二是非法人的"独立机构"模式。这类乡(镇)社区教育中心有独立的组织机构、独立的办学场所、相对稳定的职工队伍(人员编制在当地中小学校)、基本的教学经费保障(基本能保证人均1元甚至更多的办学经费),但是不具备法人资格,此类学校主要集中在经济相对发达的城市近郊地区。在调研的17省市中此类学校占66%。

三是"一校两牌"模式。"社职校合一":乡(镇)社区教育中心与当地职业学校合并办学,在调研的17省市中此类学校仅占1%。"社小合一":社区教育中心设立在当地中心小学内,在调研的17省市中此类学校占17%。

四是"厂校合一"模式。"厂校合一"是不同于"校企合作"的一种办学模式。在一些经济欠发达地区,部分乡(镇)社区教育中心由于财政支持不足等原因导致办学经费短缺,对于这些学校开展学校业务造成很大困难。但是这些学校拥有一定面积的办学场地和基础设施,学校以此与相关的企业开展合作,学校的领导既是厂长又是校长,类似过去的校办工厂,学校能够开展针对企业岗位需要的技术培训,同时创造条件开展相关的农民技术培训。

乡(镇)社区教育中心一般是以成人文化技术学校为基础建立的、由乡(镇)政府主办、教育行政部门主管的社会公共服务事业单位。据原国家教委的统计数据,1990年全国乡(镇)成人学校有3.7万所,1999年达4.3万所,为历史最高数据,2006年已经减少到2.21万所,2012年为1.64万所,2015年已经下降为1.18万所。过去的20年间,全国社区教育中心数量可能因行政区划的调整而减少,但在精简编制的宏观政策背景下不会新增。相对于全国41 636个乡镇,乡镇社区教育中心的设立率仅为28%。

在这样一个组织机构建设情况下,就整体而言,全国农村社区教育发展水平严重滞后于学校教育,地区之间也极不平衡:既有扎扎实实办学、服务地方的社区教育的典型,也有大张旗鼓、只为作秀的社区教育机构,更多是一无所有、无声无息的乡镇。区域内乡镇社区教育发展水平远远低于城市。

由于我国农村乡镇普遍未独立设置老年大学(学校),一般均将老年教育归入社区教育中心。较之城市,农村老年教育的发展情况远远滞后。2010年,我国第一次将老年教育写入《国家中长期教育改革与发展规划纲要(2010—2020年)》。2012年12月,第十一届全国人大常委会通过了《中华人民共和国老年人权益保障法》,明确"把老年教育纳入终身教育体系"。十多年来,我国老年大学教育快速发展,由党委老干部局,政府教育、文化、民政等职能部门,高校举办的老年大学(包括线上学习)达9万多所,学生1 300多万人。《中国老年教育发展研究报告(2018—2020)》中指出,农村老年教育的主体办学力量为基层社区教育机构,这类机构共有103 520所。但从我国东部地区的工作调研情况看,社区教育机构举办老年教育的情况和社区教育发展的总体情况呈现明显的正相关性,并且老年教育的发展存在以下问题:地区之间极不平衡;老年人参学积极性普遍不高;社会力量参与度低下;老年教育相关法规、政策执行不到位。

国内外相关的研究表明,影响成人教育发展的因素主要包括经济社会发展水平、政府重视程度、人口规模及其密度。全国社区教育发展的总体情况是东部好于中部,中部好于西部。但各地区都存在正反两方面的典型乡镇,甚至在西部不发达地区出现了社区教育发展的"奇异点"——超越经济发展水平,办出具有成效、富有特色、深受政府信赖和广大农民喜爱的社区教育学校。

笔者将"乡镇设立社区教育机构"作为研究的假设前提,其发展的困境主要在于以下几个方面。

一是社区教育位置缺失。社区教育无身份、无地位、无办学条件,游离于国民教育体系,缺乏制度性的支持和保障,在实施乡村振兴战略的进程中,面对起点最低的学习者,却要承担着最沉重、最复杂、最艰难的教育任务,可以说无法承受其重。

二是社区教育意识淡薄。随着经济社会的发展,我国农村居民的物质生活得到了改善,交通、信息技术的进步,也让农村居民更多地接触、了解了村外的世界,但其总体素质和文明程度明显低于城市居民。目前,全国高等教育毛入学率超过60%,而在高校毕业生、特别是农村籍毕业生就业困难的背景下,新的"读书无用"思潮抬头,农村居民主动接受教育或自主学习的意识越发淡薄。对江苏中部、北部地区的调研数据表明,农村居民有明确的学习意愿的人数占比不到4%。不仅如此,不少乡镇的领导不了解、不过问、不支持社区教育事业发展,区域内社会性的社区教育意识淡薄。

三是办学经费严重不足。乡(镇)社区教育中心的办学经费主要来源于县、乡两级政府,少数来自社会性项目经费。尽管各地下发了落实《教育部等九部门关于进一步推进社区教育发展的意见》的相关文件,但收效甚微。以江苏为例,《关于加快发展社区教育的实施意见》(苏教社教〔2017〕1号)明确提出:"县(市、区)财政按常住人口每年人均不低于4元的标准安排社区教育经费,现行标准高于4元的地区仍按现行标准执行,并根据实际情况逐步增长。"到目前为止,苏北地区人均社区教育经费低于2元的不在少数。而在经济欠发达地区,乡(镇)社区教育中心的年均办学经费仅有几千元。

四是师资力量十分薄弱。据教育部发布的《中国教育概况——2014年全国教育事业发展情况》(此后报告中未见成人教育及培训相关统计数据),全国有成人小学、初中共19 370所,教职工和专任教师人数分别为48 732人和29 559人,校均教职工和专任教师数分别为2.5人和1.5人。时隔10年,从近年来调研所汇集的材料看,这种状况未见明显改观。《浙江省现代化学校评估细则》要求:"学校专职教师和管理人员按不低于当地常住人口0.01%的比例配备,且每校最低不少于3人;专职教师均具有大专以上学历,中级及以上职称教师占到50%以上。"以乡镇人口规模5万人计,一校也仅5名教职工。从人员配置的实际情况看,乡(镇)社区教育中心的专任教师来源大致有三种渠道:一是原成人教育机构的教师,这部分教师有着丰富的成人教育经验,还有的具备多项专业技能,但大部分年龄偏大,学历不高;二是直接分配的大专以上学历毕业生,这部分教师学历高、具有一定的专业知识,但对农村社区教育了解不多,普遍欠缺教学实践经验和动手操作能力;三是初中和小学的转岗教师,这部分教师知识背景是以文化基础课程为主,缺少社区教育专业能力和实践技能,他们中的大部分人只能从事管理和服务岗位工作。

五是社区教育有效供给不足。进入21世纪以来,国家对于农民教育培训、老年教育等工作的重视程度前所未有,农村社区教育机构响应政府及各职能部门和群团组织的号召,开展一系列的专项培训和教育项目。"上面千条线、底下一根针",乡(镇)成人文化技术学校面临来自上级不同部门的培训任务,应接不暇,加上自身的"先天不足",导致自身建设严重滞后:课程内容实用性和针对性不强;教学方式方法单一,存在严重的学校化倾向,办学大多保持着教师宣讲、集中面授的课堂教学模式,只重形式和数量、轻视实际效果的情况较为普遍。

从历史发展及现实状况出发,反思当下农村的社区教育,成绩与问题并存。走出困境,需要苦练内功、创新发展动能,这是社区教育教育机构所面临的问题;走出困境,需要政策、制度保障和基本条件支撑,这是地方党委和政府的责任。

三、农村社区教育的价值追求

教育是以一定的需求为引导的。农村居民的受教育或学习需求是什么？答案不一而足。前文中对苏北地区的调研中涉及一项数据：被调查者中有学习愿望的人占比不到4%。笔者认为这个数据既真实又不真实，真实是因为现有的社区教育课程是有的人不需要或不感兴趣的，不真实是这个结论既不符合常识也不科学，因为人类只有在不断学习的过程中才能创造美好的生活，生活即教育。由此，基于农村社区庞大的人口规模，其需求一定是丰富多样的。无论采用怎样的研究方法，理清这样的需求，对于农村社区教育机构而言都是一项复杂的工程。但说到底，对社区教育工作者而言，就是两句话：一是实现党和政府对于社区教育的期望，二是满足公众对于社区教育的需求。

教育公平是社会公平的重要基础，要不断促进教育发展成果更多更公平惠及全体人民，以教育公平促进社会公平正义。农村社区教育是我国全民终身教育体系不可或缺的重要组成部分，服务和满足农村居民的学习需求，促进人的全面发展和个性发展，促进社会公平，是其根本使命和历史责任。

一是坚持党和政府的目标导向。在建设中国式现代化的新时代，在实施乡村振兴战略的历史背景下，发展农村社区教育，必须以习近平新时代中国特色社会主义思想占领农村思想文化阵地，将弘扬中华优秀传统文化摆在实施乡村振兴战略的首要位置。基于政府目标和问题导向，实现乡村振兴，一是重视不同区域乡村发展的差异性，二是重视向农村引入新的先进生产要素，三是重视进一步拓宽乡村建设发展主体。教育对乡村振兴的回应，就是要增加有效供给，解决社区教育发展不充分的问题；实施差异化的区域性发展策略，解决发展不平衡的问题；面向"集约化农业"和"小农经济"，提供农村实用技术培训；开展岗位培训，培养适应三产融合发展的技术工人，促进农民致富；注重区域文化教育与传承，加强法治教育，大力提升社会资本；开展生态环境保护教育，建设美丽乡村；弘扬社会主义核心价值观和时代精神，推动基层政权建设，建设和谐文明的乡风；传承中华优秀传统文化，丰富农民的精神文化生活；大力提高农民素质，推进学习型组织和学习型乡村建设。

二是把握公众学习需求。实质上，公众需求与党和政府的目标，两者是完全一致的。习近平总书记指出，人民对美好生活的向往，就是我们的奋斗目标。而实施农村社区教育，就是在努力达成党和政府目标的同时，从社区的实际出发，最大限度地满足农村居民多样化的学习需求。

在农村社区教育实施过程中,谁是潜在的学习者,这是我们首先要考虑的问题。在农村留守人口中,老年人口和青少年占比较大,青壮年较少,其中留守青壮年中有一部分是基层社区工作人员,青少年主要是基础教育阶段的在校学生。农村社区教育的潜在学习者主体是老年人,这也是我们将农村社区教育和社区老年教育归为一体的依据。在生活中,农民想学点什么,这是我们要考虑的第二个问题。第三个问题,则是他们想怎样学。

　　从做好"三农"工作到实施乡村振兴战略,从"农村"到"乡村",一字之差,其含义却发生了根本性的变化。中国古代的乡村是具有血缘关系、互助关系,并形成了共同的风俗习惯、文化和价值的"乡村"。时代的不断发展激发了农村居民对于美好生活的需求,这种需求不仅是物质层面的,也是精神文化层面的。乡村振兴战略的实施,是党和政府对于农村广大人民群众的热切回应,也是对农村社区教育发展的明确指引。农村的社区教育应该,也必须基于此而展开。

第十章 农村社区教育"破冰"策略

以"破冰"这样的表述,可能会让许多人,特别是农村社区教育工作者难以接受。相关统计数据显示,全国70%以上的乡镇尚未设立社区教育机构;城乡已经开展的社区教育活动大多局限于教授书法、合唱、绘画、手机摄影、广场舞等"精英教育"层面,参学人数比例不高。

联合国教科文组织确认的学习型城市的六根支柱为:从基础教育到高等教育的包容性发展;重振家庭和社区学习的活力;促进工作场所学习;扩展现代信息技术的运用;提高学习质量;培育终身学习文化。这一标准对农村社区教育也是有效的,但实现的时间周期更长、难度更大,由此,补全农村社区教育的短板,更为重要、更加迫切。

一、面向主流人群

在农耕文化的背景下,不同年龄段人群的受教育年限与年龄大小成负相关——年龄越大,往往受(学校)教育年限越低。

农村留守人口中占比最大的是中小学生,其次是老年人。由于农村留守人员中的青壮年具有一定的职业性——大多在基层党政机关、住所附近的企业任职,对社区教育的需求明显较弱,而其所在岗位继续教育的任务由所在单位负责;中小学校学生的主要任务是在校学习,其与老年人在对社区教育的需求上有一定的相似性,两者参与社区教育所学的课程可以共享。因此,农村社区教育的主流人群为老年群体。社区中的老年群体人数占比较大;受教育水平较低;有较多的闲暇时间;有参与社会活动的需要;较之人数最多的青少年群体,在家庭和社区占据更多的话语权,在提高自身素质、增进致富技能的同时,可以带动家庭成员的学习,促进社区建设。

农村社区教育的高质量发展必须是面向大多数人的教育,必须是生活化的教育。这里所说的"破冰"就是让越来越多的农村居民——主要是老年人群积极参与社区教育学习活动。《老年教育发展规划(2016—2020年)》也特别强调"优先发展城乡社区老年教育"。

2002年,世界卫生组织提出了"积极老龄化"理念——包括健康、保障、参与三大要素。身心健康是参与的前提,也是家庭和谐、社会安定的基础。开展社区老年教育,让老年人在群体中学习本身既是一种参与,又是一种情感的交流与满足,同时可以促进老年人参与社区公共事务,推动社区治理和社会建设。

20世纪50年代,产生于美国的人本主义学习理论认为,学习者要从其自身的立场和意识上开展属于自己的学习,这种学习是对自身有影响、有作用的。人本主义学习理论关注学习者自身知识、技能和情感等方面的需求,或为今后生活做准备,或发展自己身为人类的独特性。不为学校教育评价标准所缚、不被社会评价所累,这恰恰是老年学习的本质所在,这种学习具有鲜明的个性化特征。

社区老年教育,并非学校本位的教育——不同于学科、专业教育,只考虑老龄群体身心健康的需求。这里的健康,并非特指身体的疾病,而是如《渥太华宪章》所阐述的——除了个体的身体健康与心理健康,还有和平、住所、食物、收入、稳定的生态系统、可持续利用的资源、社会公平公正等。

老年学习,让老年人通过自身技能的提升,可在一定程度上提高自己的物质生活质量,并对自身的精神健康产生积极的影响(见图10-1)。

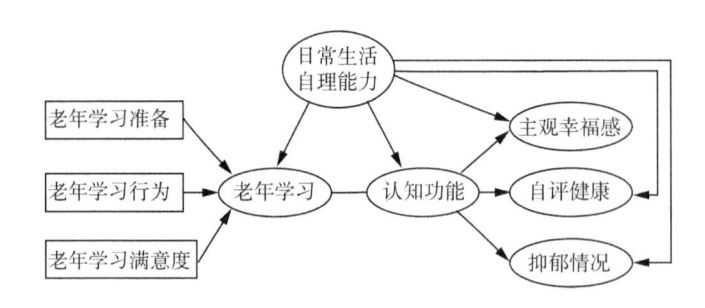

图10-1 老年学习对老年人身心健康的积极影响

图中的"老年学习准备"包括学习动机、学习意愿、学习过程中能够获得的学习支持、学习障碍等;"老年学习行为"包括是否参加学习、学习情境、学习内容等;"老年学习满意度"包括对学习场所环境、学习氛围、教学设施、学习时间安排、教学方式、教师、学习团队、学习收获等方面的满意程度。学习准备越充分、学习频次越高、学习的组织度越高、学习过程越愉悦、学习效果越好,对身心健康就越有利。

由此，社区老年教育机构的课程设置必须服务于老年群体身心快乐的需求，并且为学习者提供积极有效的学习支持服务。

二、提供"有用"的学习资源

学校教育注重"有效"，以支撑培养目标的课程为教学内容，以考试考核合格与否为评价标准，以取得课程结业、最后毕业获取毕业证书为目标。参与老年教育学习的人普遍不以取得证书为目标，只求所学对自己"有用"，这有着人本主义学习理论自主学习的特征。

农村老年学习大致分为以下三种类型，并且可以从物质和精神两个层面对这三种类型进行分析。

一是适应性学习。适应性学习的内容在物质层面上主要包括职业技能类、家庭服务类、健康保健类、信息技术应用类等方面的课程；在精神层面上主要包括相关法律类、心理健康类、隔代教育类方面的课程。

二是休闲性学习。这类学习内容的特点是丰富多彩、有趣、高雅，并有着浓郁的乡土特色，包括艺术类、修身养性知识类、棋牌活动类等课程。

三是社会性学习。主要包括家庭、人际、社会关系方面的课程，以及可展示性的才艺，以构建更加和睦、美好的生活，提升个体在社区社会和家庭生活中的幸福感。

由此，农村社区教育机构在实施老年教育时，应更加重视民生服务、更加关注社区治理、更加关爱弱势群体、更加注重核心价值观的引导、更加支持学习社团建设、更加致力于居民精神家园的营造。

当然，不同地区的农村存在着巨大的差异，这种差异也带来了社区教育供给的差异。由于经济发展水平、产业结构的差异，农村劳动人口的从业状况也大不相同（目前大多数农村老年人都在不同程度地参与生产性劳动），职业技能方面的教育内容也各不相同，即使同一"工种"，由于不同地区产业的技术水平的差异，学习需求也存在一定的差异。借鉴马斯洛的需求层次理论和"成人学习动机量表"，针对当下特定老年群体的特征，从课程建设的角度，可以将社区老年教育的课程分为以下四种类型。

一是技能获得型——获取自身所需要的职业技能、养生保健知识、家庭服务技能、隔代教育技巧等。

二是情感需求型——满足精神层面的需求，希望通过学习增进人际交往，充实自己，缓解孤独感。

三是休闲娱乐型——在人民生活水平大幅提升的新时代,学会并参与诸如歌舞、摄影、书法、绘画、钓鱼、棋牌活动等也成为老年人休闲的重要方式。

四是自我实现(求证)型——当代老年群体是被"文革"影响的一代,他们中的有些人在青年时期错失了学习的机会,在退出工作岗位后,他们有时间、有实践积累的基础,希望通过努力,圆自己的大学梦。

据2021年对江苏部分地区老年教育机构学员的抽样调查统计,这四类学习动机所占的比例分别为19.3%、32.2%、42.9%和5.6%。总之,休闲化、知识(技能)化、充实感、成就感构成了老年学习的基本目标和动机。虽然可以对教育供给的内容进行分类,但是由于经济发展水平和产业结构的差异、学习者家庭的生活状况的不同,对老年人而言,或许是赚钱养家放在首位,或许是休闲娱乐放在首位,或许是社会交往、自我完善放在首位。不同地区农村社区(老年)教育学习者的动机结构各不相同,课程建设的重点也不尽相同。

三、组建学习团队

农村社区较之城市社区,有着巨大的差别。实施农村社区(老年)教育,既有农村地区学习者受教育水平不高、缺乏对世界更多的了解等方面的先天不足,也有明显的优势:基于血缘、亲缘、地缘的熟人社会的组织化较高;基于农耕文明的传统伦理,有一些德高望重类似"族老"的核心人物,在生产、生活活动中也出现了一些能人和民间"领袖",形成了社区的一股非正式的领军力量;居民从众心理较重等。我们无须对此做更多的评价,但完全可以引导利用,使之成为社区教育发展的推动力量——建设以特定课程为核心、以"领军"人物为纽带、以非正式组织为基础的学习团队。

一是明确课程建设目标。从分析地方产业结构,居民生活状态、从业情况、学习能力入手,抓住主要矛盾,制订课程建设规划,理清公众需求,确定教学内容,分清轻重缓急,做出时序安排。

二是寻找领军人物。领军人物应该具备某个方面的影响力、号召力和凝聚力,并具有一支基本的人员队伍。比如带领村民做农产品销售的能人、家家贴着他剪的窗花的剪纸艺人、善于处理家庭纠纷的长者、会玩乐器会说唱能逗得众人开开心心的乡村"明星"、十里八乡有名的大厨、教出了若干名大学生的退休老教师等。三人行必有吾师,高手在民间。让这样的高手作为负责人(亦是学习带头人,通过遴选和培训可以成为社区教育的兼职教师)牵头,学习团队建设就会事半功倍。

三是组建学习团队。学习团队是以民间"高手"为纽带,由社区教育机构组织发动建立起来的非正式组织。这样的组织可以有多种类型,甚至是复合型的,社区教育机构的目标就是让其成为乡村振兴视域下的农村社区学习共同体。

四、实施眼前的刺激

当组建了若干学习团队之后,需要有一次集中的开学典礼,做进一步的学习动员。如今的农村生产、生活活动往往是以家庭为单位,正式的组织结构是松散的,居民的日常生活相对于城市居民也是散漫的。曾经有专家提出过这样的观点:取消农业税也就失去了农民和政府之间最重要的一条连线,农民也淡薄了自身的责任。这个观点可能不全面,甚至有些偏激,但其中有合理的成分——现在有组织的活动越来越少了,基层政权和居民自治组织的凝聚力明显下降。举行一次别开生面的开学仪式,会强化居民的社区教育意识,增强学习的仪式感,强化学习意愿和责任。农村居民对外面的世界关注度不高,但对发生于熟人和身边的事件十分关注,或评价、效仿,或在事件的进程中下意识地监督着。社区教育的"破冰"成败与否,对居民、社区教育机构和农村社区教育的发展都将产生极大的影响。

开学典礼必须具备以下要素。

一是乡镇领导到场讲话,从政府目标到公众需求方面,讲社区教育的意义,讲政府如何投入,做好动员发动工作。

二是乡镇社区教育中心负责人报告开课的前期准备工作,谈相关课程的内容、学习方式、作用。重点是说清楚对农村居民有什么帮助,参加学习者要有什么方面的准备。

三是学习团队的牵头人、民间"高手"发言,展示自己的特长,讲述自己参与社区教育教学活动的打算,表达自己为乡亲服务的意愿。

四是邀请本地或周边社区教育的学习达人介绍自己的学习收获,以及对社区教育的认识,以现身说法引导居民学习。

五是新学员代表发言,介绍自己的参学动机、学习打算和学习决心等。

六是尽量动员广大居民参加典礼活动,除报名参加学习的人员外,广泛动员更多的居民参加,形成宣传声势。

七是争取社会支持,尽量发放一些纪念品。把握农民的心理特点,搞一点物质刺激——一本小画册(比如老年保健、亲子教育)、一块香皂、一条印有"社区教育开学典礼"字样的毛巾等。

八是在可能的情况下,策划一次小型文艺演出。乡镇社区中,不乏一批文艺活动积极分子(目前65岁左右的老年人),鼓励他们以传统地方曲艺、戏剧和民族乐器表演的方式,演唱本乡本土的好故事,有助于弘扬社会主义核心价值观,宣传党和国家的方针政策等。如果能有参加过社区教育的学员参加表演,那也就可以乘势为社区教育做一些宣传推介。

如此,不仅眼前的刺激会收到实效,趁热打铁之下,居民们又会涌现出新的学习需求,届时也就可以组建更多的学习团队。

五、课程内容生活化

教学内容的生活化并非基于知识的逻辑而组织内容,实施系统化的学科和专业教学,以达到培养目标,而是基于生活的逻辑设置内容,实施离散的、碎片化,甚至是随机而定的知识或技能教学,以满足学习者的需求。

从理论层面上看,地方经济发展水平、公众生活状态、区域文化传统决定着农村社区教育的教学内容,而在实践层面上,由于乡村及社区之间的差异极大,即使处于同等经济发展水平上,因产业结构、民风民俗等方面的差异,社区教育的内容也不尽相同。我们以社区老年教育为例,对其教学内容进行分析探讨。

老年教育是生活教育、适应教育、参与教育和快乐文化教育;老年教育是时代教育、区域性教育、非学校化教育;老年教育是面向广大老年人群的共享性教育,是融入社区教育之中的,老年大学的学校化教育只是其组成部分;特定区域内老年群体的总体生存状态决定着教学内容的供给。从老年学习者的特点出发,考虑到区域性差异,在教育内容方面应把握以下几点。

一是整合通用性课程。通用性课程是指适用于各地区老年人所需要的教学内容,包括中华优秀传统文化、时代精神、养生保健知识、家庭服务技能等。所谓整合,是从中选取与本地实际相切合的内容,并以本地老年群体熟悉、便捷、喜欢的载体呈现出来,使通用性课程本土化。

二是引入基础性课程。基础性课程是指促进老年人自身发展、更好地适应未来生活的课程。在实施乡村振兴战略的进程中,基础性课程的内容主要是文化知识、科学素养、现代信息技术的应用、农产品营销、旅游服务等方面的知识和技能。

三是建设乡土化课程。乡土化课程是指基于特定地区的农耕文化(如地方社戏、非遗项目、乡村古建筑、农用器具遗存等)保护传承、特色农产品的生产加工、独特自然景观的环境保护等方面的课程。

老年人的学习动机和需求是无穷的,社区教育的供给是有限的。由此,一方面是引导老年人的主动学习,并为此提供教学支持;另一方面,把握基本导向,建设具有代表性的课程资源。基于政府目标导向和问题导向,必须从处理以下几对关系出发,把握教学内容。

(一) 历史和现实的关系

改革开放在带来经济腾飞的同时,也给农村地区带来了一些发展问题:城乡发展失衡,农村劳动人口向城市转移,农村人口空心化;农村土地流失,大量存在不同程度污染的产业落户农村;精神文化层面的社会性问题频现,价值取向部分扭曲;农村人均收入低微,生活状态令人担忧。孔子说:"六十而耳顺,七十而从心所欲,不逾矩。"如何引导老年人全面客观地评价社会、对待自己,以适应社会的发展、谋求自身的心理安宁,促进社会的和谐,是社区老年教育无法回避的问题。

一是以经济发展、社会变迁的巨大成就振奋人心。党的二十大报告中指出,国内生产总值从 54 万亿元增长到 114 万亿元,我国经济总量占世界经济的比重达 18.5%,提高 7.2 个百分点,稳居世界第二位;人均国内生产总值从 39 800 元增加到 81 000 元。建成世界最大的高速铁路网、高速公路网……基础设施建设取得重大成就。基础研究和原始创新不断加强,一些关键核心技术实现突破,战略性新兴产业发展壮大,载人航天、探月探火、深海深地探测、超级计算机、卫星导航、量子信息、核电技术、新能源技术、大飞机制造、生物医药等取得重大成果,进入创新型国家行列。面对如此伟大的成就和巨大的变化,老年人群的感受更加深刻。要积极引导农村老年人加强制度自信,关心国家发展,全面看待社会的变化,正确看待历史,坚定人民生活更加美好、祖国更加富强的信心。在农村这样的熟人社会,老年人更关注身边的人和事,社区老年教育应该"根植社区",围绕着老百姓身边的人和事、大家普遍关注的热点话题,找准切入点,通过开发具有地方特色的教育资源,通过手机推送、地方广播、会议宣讲、故事会、文艺演出、茶馆传播等方式,反映当地经济社会发展水平的提高、人民生活水平的提高、农村建设的新面貌、乡村振兴的新举措等,让老年人真切感受身边的变化、时代的进步,积极参与社区教育学习,自觉投身于乡村振兴的热潮。

二是以国家现行的方针政策制度规范归拢人心。社会公正与否关乎民心所向,所以,要通过先进典型和反腐倡廉成果的宣传,积极开展形势政策教育,加强老年群体的时代精神和新发展理念教育,大力弘扬正能量,让老年人看到党和政府推进经济发展和社会建设的决心,看到社会的进步,感受到"以人民为中心"不只是政治理念、更是科学实践,从而坚定"四个自信"。要针对农村常见问题、热点问题,开展普法教育,在实施乡村振兴战略的背景下,引导村民学习与日常生活密切相关的法律法规,为地方乡村营造法治环境,为乡村振兴保驾护航。围绕党和政府的中心工作、紧扣时代主题是社区教育、老年教育资源建设和课程开发所必须遵循的基本原则。

三是以"家族、家庭、家风"的传承凝聚人心。以社会主义核心价值观为引领,实施公民道德建设工程,弘扬中华传统美德,加强家庭家教家风建设,加强和改进未成年人思想道德建设,推进城乡精神文明建设融合发展,在全社会弘扬劳动精神、奋斗精神、奉献精神、创造精神、勤俭节约精神,培育时代新风新貌。农村一方面相对封闭,另一方面,在一定区域内,农户之间基于地缘、亲缘,存在着千丝万缕的联系,在这样一个中国传统"熟人社会"中,家风如何,人品好坏,通过口口相传会人尽皆知。通过家风建设、家谱修编、传播姓氏文化等形式,实施家风、家训、家庭美德教育;通过舆论宣传、文艺宣传、地方媒体和移动媒体宣传等方式,树立身边的榜样,营造积极向上的社会环境,引导乡土文化建设,传承"家、国、天下"的理念,挖掘其现实的教育意义。

四是以各类生产生活技能教育温暖人心。中国式现代化是全体人民共同富裕的现代化。对农村老年人而言,六蓄兴旺是基础,家庭幸福是核心。不少地区老年人的日常生活还处于劳作状态。随着一二三产在农村地区的融合发展,农民在家门口也有了更多的就业机会,不仅需要科学种田、高效农业、生态农业的技能培训,也需要包括农村电商、交通物流、餐饮旅游在内的其他产业的职业技能培训。此外,随着生活条件的改善,农村地区人们的饮食起居也发生了很大的变化,人们需要提升各种生活技能。

五是以关爱留守儿童、加强隔代教育引领人心。在农村人口"空心化"的背景下,留守儿童的校外教育是群众"急难愁盼"解决的大问题。面对社会阶层固化的矛盾,纵然有着"读书无用"的感慨,人们也仍然守着"尊师重教"的传统,"再苦不能苦孩子,再穷不能穷教育"。老年人对于孙辈的教育十分重视,寄希望于后辈通过接受更好的教育改变命运。一方面,社区教育机构应因地制宜,主动和中小学合作,通过开展社会实践活动、科技活动、社会公益活动、文娱体育活动等,对青少年实施素质拓展和教育培训,培养孩子们的乡情和家国情怀,引发青少年对科技的兴趣。另一方面,要面向农村老年群体,做好家庭教育服务指导工作,为老年群体在指导孙辈成长、引领孩子成才方面提供智力和技能支持。这方面的资源建设要从弘扬中华优秀传统文化入手,从加强老少互动的视角出发,比如举办"亲子教育"故事会、遴选"学习型家庭"、开展"我有小窍门"才艺展示活动等,会收到事半功倍的效果。

(二) 情与法的关系

在农村这样的熟人社会,特别是相对偏远闭塞的地区,"帮亲不帮理"几乎成为为人处世的一种寻常现象,而人丁兴旺的家族强势,往往就更有"道理",本地最大家族一般都在乡村事务中占据主导地位。在推进乡村振兴的进程中,如何实现"乡风文明、治理有效",践行社会主义核心价值观,实现社区治理的公平、公正,农村社区教育责无旁贷。

农村"熟人"之间的社会关系远比城市社区的人际关系更加复杂,在日常生活中人与人之间有着各种各样的联系。在越来越开放的社会环境下,一方面,在农村仅凭借人情关系已经难以成事;另一方面,因为一些"人情"因素引发的矛盾也不在少数。比如,村民相互之间借用车辆本是人之常情,可一旦发生交通事故,车主要承担连带责任,这让借车者和车主都很难接受。但是法律就是法律,"法不容情","有理走遍天下,无理寸步难行",唯有依法行事、以理服从、以德服众,才能确保社会的稳定和谐。社区教育教学应把开展普法教育、建立乡村新型的人际关系置于重要的位置。

一是加强社会主义核心价值观和中华优秀传统文化教育。农村文化具有乡土性、封闭性、多样性、相对静态性的特征,在西方文化思潮、市场经济负面因素、传统文化糟粕的多重冲击下,区域亚文化的免疫力、抵抗力更低。农村同样存在着"拜金主义、享乐主义、极端个人主义和历史虚无主义等错误思潮不时出现,网络舆论乱象丛生,严重影响人们的思想和社会舆论环境"的问题。此外,还存在着封建迷信活动、不法宗教活动,存在着"有些党员、干部政治信仰发生动摇,一些地方和部门形式主义、官僚主义、享乐主义和奢靡之风屡禁不止,特权思想和特权现象较为严重,一些贪腐问题触目惊心"的情况。加强社会主义核心价值观教育、弘扬中华传统美德,是从源头解决这些严峻问题的根本办法。中国古代曾有"千金买邻""三尺巷"的典故,要以"讲信修睦、亲仁善邻"为主题,以时代精神和传统美德为标尺,通过历史典故和现实案例,引导老年人及其家人,建立起基于法律的人情观、伦理观,处理好家庭关系、邻里关系。

二是开展社会主义法治教育。依法行事,是公民行为的基本准则。普及法律常识,可以使老年人了解基本的法律知识,增强法律意识,形成尊重法律、遵守法律的意识和习惯；引导人们自觉遵守国家法律，维护法律权威，加强自我保护意识和维权意识；针对出现的敏感热点问题，开展灵活多样的专题教育活动，比如做好老年人权益保护、青少年权益保护、耕地和基本农田保护、土地流转、反诈骗、民法典等法律知识的宣传教育，促进社区和谐建设与法治化进程。

三是持续推动村规村约建设。乡风民约是由村民自治组织依据党的方针政策和国家法律法规，结合本乡实际，为维护本乡的社会秩序、公共道德、乡风民俗、精神文明建设等，规范村民行为的一种规章制度。它是当代社会核心价值观和法律的乡土化具体实践条款。一般而言，村规民约包含开展社会主义核心价值观的宣传教育、优良家风培育、环境整治、优秀文化惠民等内涵。随着农村的经济发展和社会进步，其条款也会不断地进行修订，其目标在于将对村民个体的要求上升为村民的集体意志，形成共同遵守、相互监督、不断提升、日臻完善的新格局。

（三）利与义的关系

随着市场经济的发展，西方世界"金钱至上"的价值观流入，当前社会面临着过度追求物质刺激、拜金主义盛行的问题，农村的情况也是如此。如何引导公众正确对待财富，是社区老年教育的难点所在。

诚然，"利益驱使"已然成为社会发展的重要动因，但不能"见利忘义"。中华民族有着"重义轻利"的优秀传统文化，明代《增广贤文》中记载："君子爱财，取之有道。"事实上，这就是物质追求与精神文化追求之间的关系。中国式现代化是物质文明和精神文明相协调的现代化，中国式现代化是全体人民共同富裕的现代化。共同富裕是中国特色社会主义的本质要求，也是一个长期的历史过程。在物质生活相对丰富的今天，财富的积累，要取之有道，生活消费，也当花之有道。

一是把握好个人利益与社区利益之间的关系。人是在社区中生活的人，虽然今天的农村社区往往不再是经济实体，但作为社会实体，在推进乡村振兴的进程中，需要统筹"产业、人才、文化、生态、组织"五大振兴，不可避免地会与村民的既有利益发生冲突。比如，在实施农村"厕所革命"时，公厕建于何处？农村居民都希望自己更方便一点，但都不愿意将厕所建在自己的住宅旁边，所以常常会见到有些厕所建在村头远离民居的地方，且关门上锁，无法发挥效用。居民的个人利益是社区群众总体利益的一部分，如果处置不当，便是一损俱损。社区教育完全可以通过适当的"教学方式"，以政策、道理、情感、利益调整等方式加以引导，让居民在个人与集体利益之间找到平衡点,从而推动社区建设和治理。我们坚持把实现人民对美好生活的向往作为现代化建设的出发点和落脚点,着力维护和促进社会公平正义,着力促进全体人民共同富裕,坚决防止两极分化。

二是把握眼前利益与长远利益之间的关系。所谓眼前利益就是现实的利益、最近的利益、当下的利益;长远利益是根本的利益、共同的利益、惠及子孙后代的利益。部分农村居民习惯于盯着自己脚下的一亩三分地,不少人觉得只有眼前的利益是看得见、摸得着的,"落袋为安"才是自己的,而长远利益则是虚无缥缈的。在这种情况下,在耕地上大量使用农药、化肥的这种"竭泽而渔"的生产方式,不仅带来了食品安全问题,也造成土壤板结、重金属超标、水质恶劣、空气污染、植被破坏、自然资源枯竭等一系列严重问题。中国式现代化是人与自然和谐共生的现代化,人与自然是生命共同体,无止境地向自然索取甚至破坏自然必然会遭到大自然的报复。社区(老年)教育必须有针对性地设置课程,加强自然环境保护教育、生态安全教育,引导确立"土地是财富之母"和可持续发展理念教育,在合理开发利用自然资源,促进传统农业向现代农业的转型升级进程中,更多地生产绿色食品,打造生态农业,推进一二三产有机融合,把大自然赐予的宝贵财富留给子孙后代。

三是老村民与新村民之间的关系。近年来,随着脱贫攻坚和乡村振兴战略的实施,大量新的生产要素,特别是人本要素纷纷进入农村,尤其是在东部发达地区,城市居民旅居农村已经成为一种时尚,他们带来了资金、技术和新的生活方式,促进了乡村经济、社会的发展,然而他们的理念与土生土长的农村居民之间有着明显的差异。社区教育要设置相关课程,促进新、老村民之间的汇通融合,并发挥两方面人才的优势,开展转换式教学活动,营造良好的社会氛围和发展环境,推动城乡融合和乡村振兴战略的实施。

本节讨论的处理好几对关系,并非绝对。鉴于我国经济发展的梯度,很难有一种可以共享的社区老年教育发展策略。社区教育只是一种教育类型,绝不是"包治百病"的良药,这里只是就社区老年教育教学内容的选择提供一种思路,供读者参考。

六、课程形式活动性

所谓"活动性课程",是借用了学校教育模式下的课程分类术语。以"活动性"的表述,只是更能体现社区教育的本质特征。事实上,社区教育课程的活动性,其内涵与外延都远远超出原有的概念,包括教学情境、传递方式、教材教法、学习个性化、过程评价等都在活动中得以呈现。

社区教育的活动性课程,其教学目标是多元的。由于农村居民的学习活动往往是"一场没有明确行程和目的地的说走就走的旅行",对社区教育机构而言,可以预设的只是实施"有组织的无序状态"的教学。普遍性目标、行为性目标、生成性目标、表现性目标都会随机地呈现于教学活动之中。由此,这样的课程设计,既重理论,更重实践,唯有直面特定的学习团体,把握其学习需求,并在社区教育实践中不断探索、积累,才能达到预期的效果。我们不妨从以下几方面对农村社区教育的活动性课程进行分解。

(一) 梳理匹配资源

在广泛调研、充分征求居民意见的基础上,社区教育机构可以按照拟参学人数规模、内容的"季节性"作出初步的"时序安排",针对学习内容做好教学准备,包括场所、师资、传递媒介等。

首先是选择场所。既然是活动性课程,一般来说,不会考虑课堂面授。对于生活化教育而言,林间地头、山野河边、茶馆民居等都可以成为教学场所。比如烹饪类课程中的"熏鱼制作",我国不少地区有在春节前自制熏鱼的习惯,熏鱼一般以草鱼为原料。教育机构的工作人员充分讨论之后,考虑到居民家中,场地太小、炊具太少;去村里的一家农家乐,影响人家正常经营,得支付一点成本;去村里老年食堂,厨师手艺不行;还是多走几步路,去镇上政府食堂吧。于是,社区教育机构联系好政府食堂,确定好厨师,定下开课时间,通知下去,让大家自备草鱼上课。

届时准时开课,在杀鱼洗鱼过程中,出现了异常情况:有人带来的不是草鱼,而是青鱼。带青鱼的老者连忙声明,我这不是买的,是自己钓的。现场一下子炸了锅:在哪钓的?青鱼也能做熏鱼吗?用的什么饵?于是从青鱼与草鱼的区别到如何钓鱼,后厨操作间分成了几个小课堂。至此,原本课程及其教学目标发生了变化,师生关系也发生了变化,甚至教学内容也有了调整。进而又延伸出下一次课程:学钓鱼。

社区(老年)教育过程中这样的例子不胜枚举。值得注意的是,如何调动教师(厨师)的积极性?这次的教学中,厨师的物质报酬就是剁下的鱼头和鱼尾。

开展社会主义核心价值观教育要选择附近的展览馆、人文景点、红色文化景点、科技馆、博物馆等;开展生态环境保护教育可以选择自然风景点、垃圾填埋场,可以准备老照片与现实照片的比对展览,可以去地方病防治医院,也可参观美丽乡村建设的示范点;开展法律法规教育则可以在茶馆先观看案例视频,再从身边的案例出发,让相关人现身说法,大家积极讨论;学跳广场舞的学员们晴天在河边空地活动,雨天则去村民活动室;学习农业技术,当然选择在田间地头。

场所的选择不求环境最佳、设施最好,而求情境匹配。根据课程教学内容的不同,在农村,总可以找到最合适的场所开展教学活动。

二是选择师资。农村社区教育的同仁们普遍认为,缺少教师是开展教学活动最大的难题。中国成人教育协会乡村振兴专业委员会的若干次调研,也验证了这一点。然而,看到的未必就是事实。缺人,缺的不是师资,而是缺少具备一双慧眼、能够发现师资的人。这里所说的师资是特殊的、能够承担农村社区教育教学任务的"普通人"。

因为是生活化教育,就要坚决摒弃学校教育模式下对教师的学历、职称的标准,而是以"技能"论英雄。"三人行,必有吾师焉。"在社区中,谁有特长、谁有优势,谁就可以为师。社区教育机构只须从居民的学习诉求出发,选择出学习者喜欢的人选即可。

启动乡村版的"能者为师"遴选活动,比之城市更为简单。村里谁有什么能耐,村民委员会负责人和老年人都非常了解。谁有什么拿手活计,藏也藏不住,乡里乡亲,让你当教师,躲也躲不掉。何况能够帮衬到乡亲,也是挺有面子的事。

当然,从有"一技之长"到成为合格的社区教育老师,也非一蹴而就。除了要有服务乡亲们的热情,还需要接受基本的岗位培训。不是非得取得教师资格证书,但至少应该注意在教学过程中保持和学习者的沟通,学会倾听学习者的诉求,学会从学习者的角度换位思考,学会适时地对学习者进行激励。作为社区教育的教师,其首要任务不是为了给学习者发放课程合格证,而是吸引和帮助社区居民参与学习、培养其学习兴趣,让其学会学习,对成人、特别是老年学习者需要充分尊重,常挂在嘴边的话应该是"你学得挺好的,有很大进步",而不是"你不行,太笨了"。

三是选择传递媒介。怎样以最便捷的方式将教学内容传递给学习者,这是教学设计的基本问题之一。古代人们传播信息的方法是从肢体语言、语言再到文字。目前,通行的媒体分为四代,包括:第一代印刷媒体,主要以纸质媒介进行传播,例如报纸、杂志、书籍等;第二代广播电视媒体,以电波为载体进行传播,例如电视、广播、网络直播等;第三代互联网媒体,以互联网为主要平台进行传播,例如社交媒体、新闻门户网站、电商平台等;第四代移动媒体,以手机为主要终端进行传播,例如短信、彩信、移动应用程序等。

迄今为止,信息的传播已经进入全媒体融合时代,即采用文字、声音、影像、动画、网页等多种媒体表现手段(多媒体),利用广播、电视、电影、报纸、杂志、网站等不同媒介形态(业务融合),通过融合的广电网络、电信网络以及互联网络进行传播(三网融合),最终实现用户通过电视、电脑、手机等多种终端均可完成信息的融合。现代信息技术在教育教学领域的运用已经十分普遍,经济发达地区的社区教育机构的技术准备水平甚至不亚于顶尖高校。

在教育教学活动中,媒体无优劣之分,媒体的先进程度与教学效果并不一定正相关。国际远程教育专家约翰·丹尼尔认为,如果过度追求教学的技术手段,就会把不具备相关装备或因各种原因不能使用装备的人,拒之于教育的大门之外。过去的一段时期,出现了一种泛技术化倾向:一些高校、地方教育行政部门硬性设置运用多媒体教学课时的最低标准,并将其作为教师教学水平评价,甚至学校教育现代化水平评价的重要标志。在农村社区教育发展进程中,也存在类似现象,但在现实中,网络教室长期闲置情况普遍存在。事实上,语言、文字作为最基础的媒体,完全能达成传递教学信息的目标。现代信息技术手段在教学活动中应用的价值,主要体现在延伸教育的触角、扩大受众规模、提升教学效果上,但缺陷也很明显,一方面,可能会限制一部分农村社区开展学习活动,另一方面,教学的非直接成本过高。目前,限于农村社区教育的成本及学习难度,像VR、AI等技术运用于教学只能是展示性和体验式的。由全国开放大学系统举办的延伸至农村社区的老年网络教育是一种积极的尝试,学习者登陆系统即可进行独立的学习活动,何必费时、费力参与社区教育?主要原因大致有两个方面:一方面,参加线上交互式学习对农村老年人殊为不易;另一方面,社区教育是要引导居民参与学习并提供教学支持服务,也就是说社区居民参与社区教育需要独自学习与其他人的交互作用二者之间的平衡来完成课程学习目标。

老年学习者在媒体的选择、视听方式的配置、学习组织形式等诸多方面有其特殊需求。事实上,老年人在学习媒体和学习方式的选择上面临着诸多两难的选择:由于多年养成的学习习惯,他们往往重于阅读,一份针对上海、北京等地千余名50岁以上居民的调查显示,80%的50岁以上人群受到老花眼的影响,而上海和南京的比例更是高达90%。受视力退化的影响,老年人可能会偏向于用听的方式来代替阅读;他们有丰富的实践经验,对于体验学习的方式应该更乐于接受,但教育的提供方又会担心老年人年事已高,生怕他们在学习活动中有什么闪失;他们偏于安静,但为消除老年生活的孤独感,又希望有一定的便于相互之间交流沟通的物理空间;他们希望自由地学习,而在开展线上学习时却有着包括技能、视力等方面的不足……这就必然要求具备多种媒体呈现的可供选择的学习资源、因人而异的学习方式、随机的学习安排,最终形成"有组织的无序状态"的学习模式。

从农村老年群体的学习动机分析情况可以看出,他们不仅需要知识、技能,更需要人际交流而非人机互动。教学传递方式的选择还与学习者的受教育年限、学习习惯有关。在东部发达地区开展的小样本调查结果显示,农村60岁以上老年人的人均受教育年限不到7年,由此推测该项指标在全国的数据可能会更低。

所以,社区教育在教学媒体的选择上,不应盲目对技术求新、求全,而应从学习者的特征出发,扬其所长、补其所短,为其自主学习提供教学支持服务。当然,农村社区教育也不应排斥多种媒体在教学过程中的复合运用,让教育教学活动有声有色、形象生动、更具感染力、更有效果。考虑到教学成本、老年人学习能力等方面因素,在当下,有条件的地区也可以将VR、AI等新技术应用于教学活动,但更多是用于科技教育课程——信息技术最新成果的展示、体验活动。

当然,在信息社会现实中,社区教育的教学活动一般都不可能仅仅使用一种传递媒介。只有将不同的教学内容、不同的教学环节、不尽相同的媒体相匹配,以求展现最佳的教学效果,才是传递媒介选择的最高境界。

强调"课程"的活动性,并非为活动而活动,更不是排斥课堂面授教学。活动性课程既可以让学习者活动起来、快乐起来,又可以让教学更加生动、更有效果。

(二) 教学环节设计

教学环节设计,是面向特定学习团队和学习内容的教学过程设计。在学校教育模式下,课程教学的传统环节包括导入、讲授、互动、反馈、激励、评价等。农村社区(老年)教育的教学环节与之大致相同,但有时不一定齐全、完整。

其一,导入是课程的起始,如同乐章的序曲,引导学习者步入知识的殿堂。一位优秀的教师往往可以由当时的情境出发,以学习者普遍感兴趣的方式,随机切入,如山泉一般自然地跳跃流淌,使教学活动瞬间生动起来。

对应老年群体的生活阅历,社区老年教育课程教学的导入方法、技巧之丰富更胜高等学校,包括由绘声绘色的地方方言精彩的描述导入、由身边的逸闻趣事来导入、由师生共同参与的一场趣味活动导入、由现场某个人的着装打扮导入、由教学现场的某件器物导入、从当下热播(映)的某部影视作品导入、由新近发生的热点事件导入、由提出一个引人思考的问题导入、由"历史上的今天"故事导入……

无论怎样的导入法,其内容和方式必须具备两个特点,一是与学习者生活之间的联系,二是与教学内容之间的联系。这样的导入方法不仅是教学导入、搭建现场学习者与知识(技能)之间联系的桥梁,更是寻求、激发学习者之间思维的碰撞和情感的交流。

其二,讲授是教师通过语言向学生传达信息、传递思想、传授知识的方式,这是学校教育模式下最基本的教学方法,也是社区教育课程教学活动中不可或缺的环节,其基本形式有讲述式、讲解式及讲演式等。社区老年教育的课程讲授要力求通俗化、生活化,通过讨论、分析、形象化等方法运用,帮助学习者达成课程教学目标。社区老年教育的"讲授",不只是教师唱独角戏,学习者也同样有表达自己见解的机会;由于主讲教师可能不了解学习者的情况,社区教育的专职教师必须提前与之进行充分沟通,并共同确定讲授的内容和具体方案。

其三,互动是教学相长、在团体中相互学习的一种教学方法。双向提问法、分组讨论、群体性游戏活动都是重要的互动方式。在社区老年教育过程中,互动要防止两种倾向:一是怕开口、不动手,一片沉默;二是群体而动却又各行其是。活动性课程的互动,重在教学活动中的互动,而非互动活动本身。在有实际操作环节的教学活动中,邻近同学之间相互关照是一种常态——一个人聚精会神的状态会引起别人的关注,此刻,或者你会有所感悟,或者你可以给出善意的提醒。群体活动本身就需要彼此间的关注才能协同,最重要的互动是过程中不断地分享和展示。

教师要充分顾及老年人既讲面子、又好表现的心理特点,基于不同人格特征、文化水平、在社区内的影响力等进行合理分组,通过小组讨论、角色扮演、互动问答、案例研究等方式,引领大家共同学习、共同提高。

只有师生、生生充分互动起来,才会使学习者在知识、技能、情感等方面全方位地有所获得,教师也会从中受益。

其四,反馈是教学活动中一种特殊的、旨在了解教学效果的互动方式,也是教育机构和学生联系的重要方式。不同于学校教育模式下的课堂练习、课后作业,社区老年教育的反馈方式主要是通过教学过程中的情绪、语言和课后的意见征询等方式完成。教师在教学的各个阶段、各个环节,都要善于察言观色,并在问询确认后,获得相应的信息。社区教育机构则可以通过座谈、访谈、电话、微信交流等方式,了解教学活动的成效。这样的反馈既有正反馈——来自学习者的意见和建议,更要有明确的负反馈——基于学习者意愿的教师在教学活动的改进。

活动性课程的反馈,主要在于行动。学习者参与并能充分地展示自我,便是最好的反馈。在可能的情况下,可以通过预设,确定若干课程内容要点,围绕相关内容开展集体活动,让学习者展示自己阶段性的学习收获,比如举办小型主题沙龙、一次角色扮演、一次游戏、一场竞技活动、一次基于课程学习的作品(产品、菜品等)交流等,都是有效的反馈。

其五,激励和评价是实施教学活动中,通过环境营造、情感交融、成绩肯定等促进学习的教学方式。一是要做好环境布置:农村社区老年教育的课堂可以在任何地点,融入环境便是最好的布置。而对社区教育机构内的教室而言,其布置不同于一般学校。教室附近必备饮水机,保证常温纯净水和开水的供应;教室里的桌椅不是以教师为中心规整摆放,而是三五成群地随机布局,学习者不固定座位;墙面悬挂的不是名人名言,而应该是温馨的装饰画等。二是加强情感联系:教师进教室,不要等大家问候"老师好!",而是先问候"您来啦!""大爷大妈好!"。应该主动引导大家去泡茶、加水。开课前,先和有特殊情况(行动不太方便、身体欠佳、路程较远、家中出现变故)的老者聊几句,问问情况。刮风雨雪天聊聊天气,夏季冬季问问冷暖。三是对老年学习者坚持正面肯定,要学会欣赏,学会说"您学得很好!""学得挺快,请您为大家演示一遍。""您上手很快!您真棒!"等。比如手工课程,做得像样的,你的评价可以是"惟妙惟肖,真像!",做得不太像的,你的评价可以是"意蕴十足,很有个性",让学习者处于兴奋、主动、积极的学习状态,充分发掘其学习激情和潜能。

对于老年教育学员,教师应始终坚守对长者和对学习者尊重的原则,给予他们充分的肯定。这并非言不由衷,而是引导老年人快乐学习、快乐生活!绝不可对学习者的学习进展与效果做相互间的比较,不做常模评价。可以根据其学习情况,适当做一些达标性评价,如"您再来几次,一定会更加精彩"之类,千万不能说"像你这样,什么时候才能学会呀?!"。

(三)活动性课程的二维设计

学校教育模式令现代人对于教学模式形成了思维定式——教学就是学生在课堂听教师讲课。一提到农村社区(老年)教育,眼前出现的场景就是在社区教育学校教室里学习,这样的教学方式对成年人,特别是老年人来说往往是不能接受的,成为制约农村社区(老年)教育发展的主要瓶颈之一。推动农村社区(老年)教育的发展活动性课程的内容应该具备什么特征?一门课程需要进行怎样的设计,使其成为活动性课程?

一是坚持马克思主义的思维方法。基于马克思主义的历史唯物论与辩证法,我国的教育史学家和教育学家坚持"教育劳动起源说"的观点:人类教育起源于劳动过程中所产生的需要;教育是人类特有的一种社会活动;教育产生于劳动是以人类语言和意识的发展为基础条件的;教育从产生之日起,其职能就是传递劳动过程中形成和积淀的社会生产和生活经验;教育的范畴是与时俱进的,如果生产力和生产关系的形态以及二者之间的关系改变了,教育形态也必须发生改变,从而为科学、合理地揭示教育起源问题奠定了基础,但是,关于教育起源的确切提法仍然是一个值得探讨的问题。在理论上,既然教育源自人类的社会实践,所有的教学活动均可回归于实践。

作为"生活化教育"的社区(老年)教育,从理论上说,其课程的活动性设计都是可以实现的,只是需要从资源、时间成本的利用等方面进行教学活动的投入产出分析,判断其必要性。知易行难,课程的教学方式若以"知"为教学目标,何必于行中求?

我国平民教育的先行者陶行知先生提出了"生活即教育""社会即学校""教学做合一"的教育教学理念,迄今都在深深影响着我国的社区教育。大学时代,陶先生因王阳明知行合一的观点取名知行,后来他提出"行是知之始,知是行之成",遂改名为"行知"。陶行知先生的改名逸事对于我们厘清活动性课程的设计亦大有启迪。

二是设立课程形式四方表(表10-1)。进行活动性设计的基础在于课程的内容。从课程教学目标出发,技能获取性的内容教学中一定存在实践操作环节,需要对知识、情感获取类内容进行活动性设计。由于在课程内容传递方式中隐含着活动性因素,为避免冲突,所以,总体构想是将课程内容进行知识点的分解,然后在传递方式和活动形式两个维度上进行分析,从而得出教学方式中"活动性"的初步方案。无论什么样的课程内容,都可以实现活动方式和课程内容传递方式之间的有机结合。

表10-1　课程形式四方表

课程内容传递方式	活动方式						
	分组研修活动	各类竞赛活动	室内外小游戏	户外游学活动	才艺展示演出	社区公益活动	……
印刷媒体							

续表

课程内容传递方式	活动方式						
	分组研修活动	各类竞赛活动	室内外小游戏	户外游学活动	才艺展示演出	社区公益活动	……
广播电视媒体							
网络媒体							
移动类媒体							

例如，某社区为服务乡村旅游开设普通话课程，这门课程除了学习者自主练习、同学之间互动、听录音，几乎没有其他更好的办法能体现活动性教学的理念。如果对照上表，就会发现更多的活动方式：可以分组研修，或看电影，或读书、看视频，也可以自己排练小节目，比如反映老年生活的小话剧等。学习者在活动中或许会感到有难度和有压力，但在活动过程中不仅能够练习普通话，还可提升其人际互动能力和心理素质。此外，他们可以再联合诸如合唱、烹饪课程的同学，开展一次公益性的教学活动——去附近的养老院或老人食堂开展一次演出，烹饪班的同学可以每人烧一道拿手菜，和老人们一起用餐。这也是一次推进老龄文明建设的具体行动。从课程教学目标价值取向的视角审视，这是极其有意义的活动性课程设计。

强调社区（老年）教育的活动性课程建设，并非强求所有课程都必须是活动性的，比如国家政策、法律常识的教育。虽然法律、法规是规范法人和自然人行为的，但在社会生活中，也会出现一些违法乱纪的现象，可以通过案例分析，开展教育活动，但切忌用身边的案例，避免对号入座。隔代教育课程也是如此，"孩子都是自家的好""家丑不可外扬"的传统观念根深蒂固，而且每家都有具体情况，个体差异极大。在这种情况下，应尽量避免家庭之间、孩子之间的比较。

在活动性课程的实施过程中，也必须针对一些可能出现的情况制定预案。社区教育机构应争取卫生健康部门和红十字会的支持，创造条件面向社区全体居民开设家庭急救、野外生存课程，并通过各种形式广泛开展疾病防控宣传工作；前往各类文化、科技场馆时，应错开人流量大、交通拥挤时段；开展户外游学活动时，应充分考虑交通安全和教学现场可能存在的安全隐患；要特别关注有基础疾病的学员，提醒其携带相应药品。在必要情况下，须与学员家人签订安全免责协议等。

第十一章　农村社区教育游学项目

"乡村游学",是社区教育特殊的课程形式。随着乡村振兴战略的全面推进,农村经济社会面貌正在发生着深刻的变化,特别是美丽乡村建设已经成为神州大地上最亮丽的风景。乡村旅游业也随之迅速兴起,社区教育将教育教学元素主动渗透到游览活动中,使得原本只是满足休闲娱乐需求的乡村旅游项目成为游学项目。关于游学,前文已经做了概要介绍,本章对农村社区教育游学项目(乡村游学项目)进行重点讨论。

一、乡村游学的建设背景

游学指远游异地,从师求学。从师,或师从名家,或道法自然。中国古代文献中对游学多有记载:《论语·述而》中有"志于道,据于德,依于仁,游于艺"的说法,把置身于六艺的学习过程叫作"游",《庄子·刻意》篇中也有"教诲之人,游居学者之所好也",陶渊明《饮酒》诗也说:"少年罕人事,游好在六经"。这都表现出了沉浸于学习之中的一种高度快乐与自由的境界。古籍中记载的"游学",从现代思维出发,大多属于"乡村游学"之范畴。

由于科学技术的进步和社会经济的发展,教育从"通识、博雅"走向"职业、技术",并在一定时期内,形成了强烈的功利化倾向,作为传统教学方式的"游学"渐被世俗教育所替代,"学"和"游"的分离性也越发显现。虽然有众多机构以"游学"的名义组织中小学在校学生赴国内外教育机构,特别是名牌大学参观考察,但实则是走马观花地参观校区,项目中"学"的成分十分薄弱。对于全民终身学习而言,探索新时期"游"于形、"学"于实的教育模式不仅是对传统教育理念和模式的继承和发扬,而且也是深化教育教学改革、服务全民终身学习的创新举措。在经济社会持续发展、国民生活水平稳步提高的新时代背景下,我国公民"旅游"热居高不下,一些新的旅游产品,如"乡村旅游"、"工业旅游"、城市居民的"周边游"等,使得"游"的内涵不断丰富,"学"的元素也越来越多地蕴含其中。

从2013年起,以成都广播电视大学(成都社区大学)、江苏开放大学为代表的一些社区教育机构开始以项目实验的形式,在部分乡村启动"游学线路""游学基地"开发建设工作。2016年11月教育部等十一部门发布《关于推进中小学生研学旅行的意见》,意见明确"中小学生研学旅行是由教育部门和学校有计划地组织安排,通过集体旅行、集中食宿方式开展的研究性学习和旅行体验相结合的校外教育活动,是学校教育和校外教育衔接的创新形式,是教育教学的重要内容,是综合实践育人的有效途径。开展研学旅行,有利于促进学生培育和践行社会主义核心价值观,激发学生对党、对国家、对人民的热爱之情;有利于推动全面实施素质教育,创新人才培养模式,引导学生主动适应社会,促进书本知识和生活经验的深度融合;有利于加快提高人民生活质量,满足学生日益增长的旅游需求,从小培养学生文明旅游意识,养成文明旅游行为习惯"。由此,大量中小学生成为社区教育的受众,有力地促进了"乡村游学"事业的发展。截至2022年底,全国范围内共有12个省份开展社区教育乡村游学课程建设,取得了明显的教育效益:中小学生研学、亲子游、老年旅游、企事业单位职工党团和工会活动等纷至沓来,"游学"越来越受到公众的欢迎,其教育效应日益显现。江苏的游学项目建设引起了中宣部、国家住建部等部门有关领导的重视。回顾我国社区教育游学课程开发10年来的实践,可以给社区教育"乡村游学"下这样的定义:以终身教育理念和建构主义教育理论为指导,基于特定的乡村产业、文化和自然资源背景,对其可作为旅游资源的部分进行学习化开发,主动赋予其相应的学习内容和学习方式,使之成为集知识习得、文化熏陶、审美体验、技能获取、情感养成为一体,让公众在游览式、交互式、自助式的体验中,获得精神满足和个性化成长的学习模式。

二、乡村游学的基本特征

古往今来,人们在文化的传承和现实生活中,都可以感受到"游学"经久不衰的生命力,其中蕴含着特定的时代内容和不同时期的教育价值观。教育是时代的教育,当下的"游学",较之古代文人雅士的游历山水、道法自然,已经发生了翻天覆地的变化,游学对象与所学内容、学习方式大不相同。

从社区教育"乡村游学"实践出发,其具备以下基本特征。

一是由师从"自然"转向基于"设计"的学习。古代学人的游学,往往寄情于自然山水环境之中,更多表现为"行万里路"的途中游历。由于科技的发展和社会的进步,今天的"游"多是"快餐式"的,而"学"则会湮没于游览中。"乡村游学"应基于"游"的具体环境,主动设计,将更多的学习元素融入其中,使"游学"之学得以更好地实现。

二是从以"自悟"为主转向"他授"引导下的自主学习。古人的游学,或独自上路,或邀三两好友结伴而行,其"学"往往是自悟的仁智互现。而今之游学,一方面,对游的资源赋予更多、更显见的学习元素;另一方面,游学现场的解说、解读和"学习群体"成员间的交流,令学习过程更多地表现为一种来自外部的"他授"。游学重在自我感悟,但今天学习者的"自悟",往往是与"他授"密不可分的。

三是从基于"现实"的学习转向"虚实"结合的学习。古代游学之"游",无疑是现实场景,而当代的游学,既有现实的游和学,也有从特定的现实延伸出去的、通过数字化资源所呈现出来的游和学,甚至还有完全基于网络的虚拟游学。中小学生在研学旅游过程中,因季节、时间、天气等方面的原因,不可能完全了解某种农作物的生长过程,但通过观察现实与观看短片,能够实现虚实之间的有机结合,突破了时空制约,就可以达成课程学习目标。

四是从"景观"环境拓展到生活体验。"生活即教育",在"乡村游学"过程中,不论是来自城市还是来自乡村的居民,都会获得前所未有的体验:从第一产业的"农、林、牧、副、渔",到农家乐的民俗文化体验,让学习者对农村产业形态、环境面貌、农耕文明、农村生活有了全方位的了解。城乡居民之间、居民与环境之间形成了良性互动,促进了城乡文化交融、人与自然的和谐共生。

五是从少数人的学习方式转而成为一种公众生活方式。一方面,在构建服务全民终身学习的历史背景下,快乐学习越来越成为公众的生活方式;另一方面,由于经济社会的发展,旅游,特别是周边旅游也越来越成为公众的休闲方式。作为二者的有机结合的游学,会成为一种最受欢迎的学习方式,也将拥有更加广阔的发展空间。

比较古今"游学",不仅有固有形式上的区别,也有认识论、世界观的差异。苏轼说过:"事不目见耳闻,而臆断其有无,可乎?"由于历史的局限性,古代的游学过分强化了"眼见为实、耳听为虚"的观念,这与当代教育理论和实践在一定程度上是相悖的。当代游学,就是通过总体设计,让学习元素更多地融入人们的日常生活中,从而令"游学"历久弥新:中华优秀传统文化与时代精神的高度契合,实地游学与网上游学的相互交融,"自悟"与"他授"式学习的有机结合,获取知识与陶冶情操的相得益彰,生活与教育的和谐统一等。随着实践的推进,对于"乡村游学"的认识将不断深化,其内涵和外延将会不断发展变化。

三、乡村游学的特殊作用

基于我国社区教育乡村游学的实践,从当代游学的特征分析,不难得出结论:游学,不仅是中外普遍认同的学习方式,也是新时代普适性的教学模式。

教学模式,一般而言,是指在一定教学思想或教学理论指导下,建立起来的较为稳定的教学活动结构框架和活动程序。结构框架主要在于把握教学活动整体及各要素之间内部的关系和功能,而活动程序则是突出教学模式的有序性和可操作性。乡村游学以终身教育理念和建构主义教育理论为指导,基于特定的"乡村游"场景,赋予其特定的学习内容,从而让学习者在游览体验和交互交流中享受学习。从古代游学的个体化的学习方式到今天公众化的学习模式,其诸多变化是围绕着有设计的学习活动而展开的。当代"游学"的核心是各类旅游资源与文化教育元素的深度融合,是人与教育资源的互动交流。由于游学蕴含着多种教学要素的聚合、全体社会成员的普遍参与以及日益非功利化的学习动机,在从宏观层面的教学模式细化为具体以项目方式呈现的教学课程的过程中,必然要求实施微观层面上的基于理论的教学设计,包括教学活动的结构框架和程序等。

第一,游学已经成为一种有设计的学习活动。教学设计,也称为教学系统设计,主要是指依据教学理论、学习理论和传播理论,运用系统科学的方法,对教学目标、教学内容、教学对象、教学媒体、教学策略和教学评价进行分析、规划并实施的总体方案。从"游学"这一特殊的教学模式分析,游与学,是活动的两个方面,游是形式,学是本质。基于全民终身学习的游学教学设计,就是策划制定某个具体游学项目"嵌入""发掘""呈现"学习元素的方案。由于游学往往突破了学校教育特定的教学场景,其教学设计也就必然要考虑更大背景下的自然和社会环境。游学的核心在于导学。从传统的游学到当代的游学,必须建立一种"有组织的无序状态"的学习模式,导学的要义应该体现在"组织"的过程之中。为什么要学?和谁一起学?学什么?怎么学?如何评价学习的效果?这些要素也应在过程中得到落实。由于教育供给方和需求方的广泛参与,讨论作为教学模式的"游学",不难发现其与当下主流教育模式——学校教育的显著差异,所以在社区教育领域更便于研究乡村游学的设计与组织过程。

第二,乡村游学是社区教育的一种重要实践形式。这里把社区教育视为社会教育的下位概念进行讨论。教学要素既是支撑教学活动的不可再分而又彼此相对独立的元素,也可以是某些元素的有机组合。"社会教育"(social education)一词最初出现在德国。德国教育家第斯多惠认为,传统的教育观念应该扩大至国民的各个阶层,必须实施对各阶层国民实际的社会帮助与教育;德国社会教育家诺尔认为,社会教育就是存在于学校之外的"社会与国家的对教育的照顾";日本社会教育早期的观点认为,社会教育是学校教育以外的教育事业,其目的是提高国民的智识,具有公益与慈善的色彩,它是由社会各界共同开展的教育活动;我国"社会教育"一词是随着近代翻译国外教育学说而引入的,随着理论研究的发展和实践的探索,我国社会教育已经形成了基本的概念:在学制系统以外,以政府推动为主导,社会普遍参与,利用各类资源,以提高国民素质为目的的教育活动。对照上述分析,不难看出,乡村游学显然具有社会教育的基本特征,并且在社会教育的框架下,研究其作为教学模式的基本构成要素,是可行的。

第三,乡村游学具备基本的教学要素。对特定活动的教学要素分析是判定其为教学活动的重要依据。依据传统的"三要素"或"五要素"说,我们可以从教学对象、教学领域、教学场所、教师等几方面对乡村游学进行分析:乡村游学的教学对象应该是全体社会成员。虽然其具有广泛性甚至全民性的特点,但学习者是客观存在的。依据不同人群不同的教育需求,亦可以借鉴学校教育"年级""专业"的分类方法,在总体上尽可能满足学习者多样化和个性化的学习需求,在"有教无类"的前提下,解决"因材施教"的矛盾。乡村教育的教学领域包括知识、文化、技术、休闲、健康、情感等。社会教育不仅是基于问题导向、解决现实矛盾的合适的教育,而且是目标导向的、一种引领人的自由全面发展的通识和博雅教育。乡村游学的教学场所和设施包括各类文化场馆、自然环境等一切可用的教育资源;师资由来自社会各界的广泛的兼职人员和一定数量的专任教师组成。

四、乡村游学的建设要点

从社区教育的概念出发,乡村游学的核心在于课程,而课程是存在于乡村特定的旅游项目或旅游线路之中的。

乡村游学项目建设不同于学校的教学基本建设。无论是高等学校、职业学校、还是中小学,其教学对象、教学领域、教学场所等都有严格的限定性,而游学项目的设计与开发必然是基于特定区域内全年龄段的旅游、学习双重需求。由此,开展乡村游学,建设一个具有乡土特色的游学项目、规划一条游学线路(下文中统称为项目),必须具备以下基本要点。

一是项目资源的独特性。项目拥有特定的农业(不限于农业,可能是一二三产业中的任意部分或其融合性的产业形态)旅游、文化旅游资源。这类资源主要在一定的区域内具有独特性,主要包括特色养殖、种植类,高效、生态农产品生产(加工)及可体验的生产过程,可供实践、互动的生产环节,特色农产品供应,良好的自然环境,淳朴的民风,富有地方特色的民俗文化(如民俗服饰、民居、菜肴、传统农具及耕作方式)等。

资源的独特性,往往不是简单的拿来主义,需要发掘。发掘是基于教育和学习的思维,考察资源中是否蕴含教育教学元素、是否可以使潜在的教育教学元素以生动、外显的方式表现出。值得注意的是,对于地方民俗文化或历史遗存,必须从践行社会主义核心价值观的视角进行分析考量,坚决摒弃与时代精神不相容的内容和形式。

资源的独特性,不能无中生有地另起炉灶。特定的乡村自然资源、人文资源,特别是农业旅游资源、当地村民的生活方式和民俗文化才是"乡村游学"的核心资源。否则,游学项目建设就会游离于"乡土"之外。位于乡村的旅游度假区、游乐场所,或许可以成为游学项目,但它们已经偏离"乡村游学"的定位。从满足公众精神文化需求和有限的经费的角度出发,基层社区教育机构不可能从零基础开始建设一个乡村游学项目;政府财政也不会撇开区域的实际、投资一个不相关的项目;而社会资本往往也是基于某种目的对某个项目进行投资,从乡村振兴的视角考量,可能会存在或潜存着诸多问题。

资源的独特性,唯有基于现实资源的发掘和整合才能实现。文化资源的整合是繁复却又可行的。在助力乡村振兴的旗帜下,本着"产业兴旺、生态宜居、乡风文明、治理有效、生活富裕"的内生要求,社区教育机构通过争取社会各方面的支持,能够达成目标,而对物化资源的整合却无法一蹴而就。一家小农庄、一间小茶馆、一个生态农业产业园如何整合,涉及各方利益,需要反复沟通协商才有可能完成。"绿水青山就是金山银山""冰天雪地也是金山银山",独特的资源都是宝藏,当然其市场化的道路或宽广通畅,或险阻艰难,各不相同。

二是项目建设的必要性。因为涉及一定数量的人、财、物的投入,乡村游学项目一般是非公益性的,它是低营利性的文化教育消费项目。乡村游学项目所面向的顾客是谁?这是必须回答的问题。项目的正常运营是建立在一定的顾客群体之上的。

毫无疑问,农村社区教育的顾客是本地居民、周边地区的城乡居民,他们是否愿意来游学,取决于项目的吸引力;他们能否来游学,取决于居民的消费能力。农业农村部统计数据显示,2022年我国农村居民人均可支配收入已超2万元。这个数据反映的是全国人均水平,由于东、中、西部地区发展水平悬殊,必定存在部分地区被严重高估或低估的情况。不管如何,以人均收入的1‰支付一次短途的乡村游学(含交通、餐饮、课程)费用,对于大多数人来说或许是可行的。

由于文化背景、个人观念等方面,对周边地区的农村居民参与乡村游学的热情不可估计过高,还需要一个长期的引导过程。所以,项目仅仅面向村民是远远不够的,还必须面向城镇居民,要充分考虑到周边地区的城镇居民参与乡村游学的可能性。

顾客的分类大致包括:社区教育、老年教育学习群体、中小学生研学旅游团队、企事业单位及党委政府部门的党团活动、团建活动、素质拓展训练活动,亲子游等。从目前的实践看,乡村游学项目应重点锚定周边地区老年教育学习群体、中小学生研学旅游团队和亲子游,以便更好地聚焦主流人群,实施课程开发。

三是项目建设的可行性。首先,可能涉及旅游市场竞争方面的情况,需要考虑同行状态——附近是否存在同类的旅游项目或类似的游学项目。县级以上社区教育机构在制订区域内游学项目建设规划时,也应考虑到总体布局,以避免内部的无序竞争和重复建设。其次,要了解资源权属人、特别是不可替代的主要资源权属人参与乡村游学项目的建设的意向、基本诉求等。再次是政策环境。宏观政策显然没有问题,关键是项目建设与区域的阶段性政策有无矛盾。要争取基层政府(包括社区)的积极支持:要努力征得党委组织、宣传部门,政府民政、教育、农业农村、文化、体育、旅游、环保、卫生健康、交通等部门的支持,将项目列为推进乡村振兴的重要举措、纳入政府工作目标。最后是考察项目落户区域及附近区域的接待服务能力,特别是餐饮、公共卫生、休闲设施等,应根据旅游景点的要求进行管理,避免出现环境的脏、乱、差等方面的情况。

此外,还得对项目的交通状况进行考察,以确保通行安全、方便。笔者曾经比较过两个区域的交通情况。一是黔南某地,山清水秀、景色宜人,境内珍稀动、植物种类繁多,众多少数民族聚居于此,民族文化丰富多彩。但由于山高人稀,周边没有大、中城市,潜在顾客少,乡村旅游市场还处于起步阶段,加上投资规模较大,收益率低,成本回收周期长,带有公益性质的微利项目难以得到社会资金的青睐,地方财政也支持乏力,社区教育游学项目建设在目前阶段举步维艰。二是苏南吴江某地,桑蚕文化游学项目搞得风生水起,教育效益、经济效益、社会效益齐头并进,政府满意、企业开心、百姓高兴。比较两地,从资源的独特性看,前者完胜后者,完全能够建设一批具有民族风情的游学项目。但实际情况恰恰相反。出现这样的结果,原因非常明了:客流量悬殊。事实上,地处长三角、珠三角地区腹地的任何一处乡村的绿水青山,如果能得到有效开发,大概率都会成为"金山银山"。

四是项目建设的联动性。乡村游学项目一般游览性相对较弱——内容相对单一、活动空间较小、课程学习也不宜安排太多,往往半天时间就够了。这就难以满足一些重要顾客的特殊要求:比如,根据教育部、国家发展改革委等11部门印发《关于推进中小学生研学旅行的意见》要求,中小学生研学旅行是一种"通过集体旅行、集中食宿方式开展的研究性学习和旅行体验相结合的校外教育活动",需要至少两天以上的行程安排。对此,乡村游学除了需要有针对性地开发大型群体性课程,还得考虑与附近互补性的旅游景点合作,建立运营联动机制,提升整体教育服务能力和服务水平。

五、乡村游学的实践经验

把握乡村游学项目建设要点之后,往往让人感觉实施起来颇有难度。在工作调研中,一些社区教育机构甚至会觉得无从下手,而成都市蒲江县社区教育学院、苏州市吴江区社区教育学院等在探索实践中给出了令人欣喜的答案,我们可以总结出以下实践经验。

第一,必须坚守初心。乡村游学从何处起步?是在乡村振兴时代背景下,基于农村社区教育的视角,开展乡村游学项目建设。初心恰恰就是社区教育的本质——提高农村居民素质、促进社区建设;起点始于教育——由社区教育机构负责制定项目建设方案。一个乡村游学项目的提出,从理论上说是源于居民的学习需求,但这种广泛、多元而又个性化的需求,往往很难聚焦于某一具体项目上。而在实践上,则源自实施乡村振兴战略中的某些具体事件,比如环境整治、土地流转、新企业落户开张、地方文化抢救保护、国家工程区域性节点项目实施等。因此,以学习需求为导向,以特定事件、特定"工程"的资源为切入点,再行整合原有资源,是乡村游学项目建设的基本思路。

第二,必须充分整合资源。从某种意义上看,整合资源类似于"首轮融资"。必须要对资源的性质进行深入的了解,包括对资源的权属关系及所有人的诉求、运行模式及运营状况、可学习化内容及其旅游元素等进行充分的调研分析,权衡利弊后予以取舍。在项目资金来源方面,应该优先选择国有或集体资产,但必须考虑引入民间资产,以强化市场意识;在整合同类资源时,除了秉持优胜劣汰的原则,还得明确权重主次,避免经营活动出现混乱和无序状态;资源的选择本着教学效益优先的原则,应尽量选择建设周期短、投资少的资源,以保证社区教育的公益性特征;资源整合应坚持平等主体之间协同合作,强调合作共赢,以便于调动各方积极性;项目建设应务求实效,努力为乡村振兴和居民学习雪中送炭,不能求省事而锦上添花,导致项目空有其名、流于形式。

第三,必须主动融入地方经济社会发展。在资源整合方案基本形成后,要返回项目切入点,争取政府部门的支持。乡村游学项目中必然反映着许多政府部门的诉求,如基层组织建设、社区治理等。培育社区社会组织等属于民政部门的职责,开展群体性文化活动归口文化部门,推广全民健身属于体育部门的职责……每一项具体的教育活动的背后总能找到党委或职能部门的影子。有钱的出钱,有力的出力,当然,最重要的是有政策支持。比如,县、市教育行政部门如果将某个乡村游学项目列入当地中小学生研学旅游目的地,体育部门将乡村游学基地列为民间体育运动基地并加以推广,就是对项目最大的支持。由于当下社区教育自身的尴尬地位,这种融入有时会十分困难。不仅要有完善的建设方案,还得勤汇报、多请示,谈困难、讲效果,不必说为民请命,却也要敢于担当,办法总比困难多。只要一心为民众办教育,为政府职能部门分忧,为乡村振兴助力,就会收获理想的效果。

第四,必须理顺管理机制和利益关系。社区教育机构为公办学校性质,除提供教学支持外,一般不参与投资和利润分配,只负责牵头建设乡村游学项目;资源的主要权属方具体负责项目的运营,各投资主体按投资比例参与利润分配;政府相关部门应尽可能增加公益性的文化体育方面的器械投入,并负责运行监管。要建立理事会或董事会一类的管理机制,定期或不定期召开会议,研究项目建设和运行过程中的重要事宜,订立由各方共同参与的项目建设合作协议,并对项目建设中可能出现的风险做出提前约定,以保证项目的规范、健康运行。

第五,必须建立完善的项目管理制度。参照国家建设项目管理的相关规定,从立项、施工、过程管理到验收、整改、验收、审计、试运营、正式运营,各个环节做到有章可依、有错必纠,责、权、利分明。切忌人情办事、感情用事,打消一部分人"社区教育是软任务、项目建设弹性大"的念头,讲规矩、动真格,确保项目在教育、经济、社会效益等方面达成预期目标。

六、乡村游学的课程开发

课程开发是社区教育机构在乡村游学项目建设中的核心任务,这也是其他参与建设方所无法替代的职能。否则,所谓的乡村游学项目就只能是乡村旅游——并非毫无教育"价值",只是不能称其为一种教育教学模式。

这类课程开发,首先要以城乡村民的学习需求为导向。满足学习者需求是建设原点,明确学习者需求,就是要进行学习者需求分析。乡村游学的学习者需求分析,是指基于特定区域的文化、产业背景下,对游学项目建设的学习者群体而非个体的需求分析。依据年龄段划分,学习者群体大致可分为青少年人群、在职人群和老年人群。对于青少年而言,其参加乡村游学项目大多是家长或学校的选择,他们的需求主要是对学生的思想道德教育、学校课程的拓展、兴趣爱好的培养、性格品质的塑造等;对职业人群而言,其需求主要是放松休闲或与岗位继续教育相关,以帮助其缓解身心压力、提升其职业能力或适应新岗位的需求;对老年人群而言,其需求主要是休闲娱乐、颐养身心、交友交流等。其次,乡村游学课程开发要依托乡村资源,在农产品生产、加工、销售,传统手工艺品制作、非遗项目传承、农家乐休闲服务、融入时代精神的地方戏曲表演等方面全方位服务乡村"产业兴旺、生态宜居、乡风文明、治理有效、生活富裕"的奋斗目标,激发、强化、彰显游学的教育教学价值,引导快乐学习,发挥教育在中华民族伟大复兴进程中的基础性作用。最后,要以游学项目建设及其课程开发吸引社会各方广泛关心支持社区教育,并以此为切入点增加投入,在推进乡村振兴的进程中,获取相应的经济效益和社会效益。

在农村社区教育实践中,常常会遇到面对旅游资源时,不知道如何建设课程的情况。出现这种情况,往往是由于陷入了两个误区,一是课程"认识"的误区,二是课程"建设"的误区。本书反复强调,游学课程不同于学校教育模式下的课程,游学课程建设也不是从零开始的重金打造,而是发掘资源中原本存在的学习内容,并以恰当的方式呈现出来,让学习者在游览中学习。乡村游学课程建设就是将当地主导产业、特色产业、观光农业、休闲产业、旅游产业等资源纳入视野,依托自然和文化遗产,突出科普、文化、旅游、环保、红色等要素,找到能让市民学习者参与学习体验的内容和环节。应当确立这样的意识,即既善于在社区教育工作中推介、展示、服务当地重点产业和中心工作,又善于借助当地核心资源和重点资源来植入教育的元素,构建游学项目,创新教育的载体,推动产业融合和城乡融合。挖掘一定区域范围内典型性、差异性的资源,建设游学课程,努力做到定位精准、特色鲜明。在乡村游学课程建设中,以农业为主题是一个基本选项,第一产业也是最接近自然状态的生产方式。任何业态下的农业生产都可以成为社区教育的内容和载体,如表11-1所示。

表11-1 不同农业业态的主要特点、教学内容和教学方式

农业业态	主要特点	教学内容	教学方式
传统农业	小地块,人力、牲畜耕作,产量偏低、生产效率低,竞争力弱	农耕文化,如传统生产方式、传统耕作器具使用、传统生活方式,农作物识别	农耕文化展示、演示、体验、参观,传统食品手工制作等

续表

农业业态	主要特点	教学内容	教学方式
高效农业	品种培优、品质提升、品牌打造和标准化生产。运用生物育种技术、农业自动化与信息技术等,生产效率高、产品竞争力强	农业实用技能,现代信息技术、人工智能技术的运用等	生产流程性观摩、演示,种植、养殖过程视频演示,农用机械操作体验等
生态农业	以合理利用自然资源和保护良好的生态环境为前提,因地制宜地规划、组织和进行农业生产的一种农业。主要包括通过提高太阳能的固定率和利用率、生物能的转化率、废弃物的再循环利用率等,促进物质在农业生态系统内部的循环利用,获得生产发展、能源再利用、生态环境保护、经济效益等相统一的综合性效果,使农业生产处于良性循环中	生态农业知识,有机农业特征(不使用化学肥料、农药、生长调节剂、杀虫剂等人工合成物质)及生产技术,环境与自然保护,清洁能源的利用,特色农产品销售。高效农业可以继续拓展,进而发展为观光农业	沉浸式理论学习、游学活动、生活技能训练、地方文化赏析、传统文化产品制作绿色生活体验、特定场景下的小景观游览、特色食品制作技术、种植及采摘、养殖及捕捞、垂钓体验等,家庭(阳台、楼顶)小农场种植技术实践操作体验等
观光农业	农业与旅游业二者融合的新型产业形态,它利用城市郊区的空间、农业的自然资源和乡村民俗风情及乡村文化等条件,通过合理规划、设计、施工,建立集农业生产、生态、生活于一体的农业区域	农业景观设计,农业生产、经营理论与技术,农村文化生活展示,民宿装饰设计,烹饪,普通话,创意手工制作,市场营销,地方文化(戏曲、非遗传承)等内容	可以实现从传统农业到现代农业的理论、实践内容的系统化,从个性化学习、群体间互动、人与自然融合到游学的全方位学习体验和提供观光、休闲、度假的良好环境

当然,乡村游学的资源包括农业但不限于农业。其他自然、人文、产业、红色文化资源等可一并融入,在内容和形式上形成覆盖面广、适应性强,能够满足公众个性化学习需求的教学支持服务支持体系。

一是坚持模块化设计。乡村游学项目课程的模块化主要表现在学习人群和学习内容两个维度上。

游学课程建设要考虑普适性,但由于其不同于一般的旅游场所,所以面向主体人群的设计也要彰显品位、打造特色。由于参与者的生存环境、文化程度、生活习性等方面的差异,必须实行模块化的课程设计,使得参与游学者在一定程度上能够实现个性化学习。模块化,不仅表现在学习内容上,而且也体现在学习模式上,要充分考虑其趣味性、体验性、交互性、即时的获得感和长远的教育意义。知识的传递与呈现至少要考虑到以下几方面的因素:差异化的媒体选择、差异化的体验方式、差异化的操作与互动环节和差异化的过程性学习评价与激励。资源的呈现不应是一成不变的,打造模块化的教学资源,形成文本、数字化、操作性等多元一体的教学资源,通过现场、模拟演示、互动体验等形式,在满足群体的游与学需求的同时,一定程度上切合个人、特定学习群体的喜好和行为习惯,能够有效地提升教育的效果。

在校中小学生的研学,一般是以班级为单位,以集中食宿、集体生活的方式进行,其游学课程所设定的教学教育内容与其在校时的学习内容有一定的关联性,非关联部分的内容则具有一定的拓展性和生活性(目前,以旅游机构为主组织的研学活动,往往把游学课程当作学校教育的外延和补充,很大程度上忽略了教育的生活性)。但对于这样的同辈学习群体而言,教育教学的个性化差异并不鲜明,同一性占据主导地位。

除此之外的游学人群,以社区居民为主,主要参加老年活动、亲子活动和团建活动,散客相对较少。这样的游学者对学习内容没有严格的限定性,他们往往更加关注游学课程的教学组织形式和方式,注重游学的趣味性和娱乐性。两者之间的比较见图 11-1。

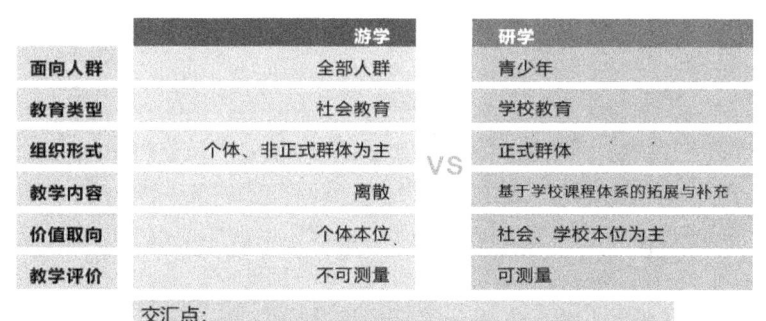

	游学	研学
面向人群	全部人群	青少年
教育类型	社会教育	学校教育
组织形式	个体、非正式群体为主	正式群体
教学内容	离散	基于学校课程体系的拓展与补充
价值取向	个体本位	社会、学校本位为主
教学评价	不可测量	可测量

交汇点:
一是教学的活动性方式;二是营地课程中探究性的学习内容。

由此研学与游学内涵建设的重点,是营地课程的建设。
这也是社区教育的游学基地服务青少年校外教育的切入点。

图 11-1 游学与研学之比较

基于学习内容的模块化教学的基本操作为:将教学内容分解为一系列独立且相互关联的模块,每个模块集中讲解一个特定的知识点或技能点。乡村游学课程的模块化较之学校教育的教学模块化更加夸张——内容是更加离散且碎片化的。

为便于教学操作和管理,也为更加便捷的市场化运营,这种用于模块化教学的课程,应该是以"课程包"形式出现的产品——学习者以一定的价格购买一个或多个课程包(其中包括学习材料、实践操作的耗材、基本工具等),在指定时间去指定地点"上课",在游学指导教师的指导下完成学习。

二是注重学习的仪式感。游学是一种非正规学习,在许多人心目中就是一次旅游。特别是在由旅游企业承担的研学活动中,"学"与"游"往往是"两张皮",难免流于导游主导的旅游。所以,要强化学习的概念,使游学者主动在游中学,必须有意识地强化游学活动中学习的仪式感——指导教师面对学员们的第一句话应该是"同学们好!我是你们的游学指导师×××。请大家各自做一个自我介绍,并用简短的语言告诉同学们你为什么会参加这次游学活动",学员们介绍完毕之后,指导教师示意大家抓住两边同学的手,一起说"同学好!"。在整个活动中,即使是爷孙俩也以"同学"相称,这将令游学平添几分乐趣;而对两个陌生人而言,也可较快地拉近彼此的心理距离。有些课程,比如某项非遗传承项目的学习,学习者个人经历各异,有可能来自不同地区,甚至男女老少皆有,这样的学习仪式会将大家置于"同学"的平等位置,从而更快捷地构建一个学习共同体。

游学不同于一般的旅游活动,它快乐却不散漫,无纪律却有组织,非功利却有激励。游学中的仪式可以引领学习者以一种积极认真的态度对待一次非正规,甚至是非正式的学习活动,令人对"生活即教育"的理念有更深刻的体悟,进而让学习成为人的一种生活方式。

三是把控基本教学环节。抓住"游什么""学什么""做什么""怎么学""怎么做"等基本环节,根据人群的学习特点和场景,对相关环节进行活动性、浸入式的教学设计。以民众文化游学课程设计为例,"游什么"环节包括:从风俗习惯、地方礼仪到村落整体布局、民居特色;从传统耕种器械、种植养殖特色到生活习惯、饮食文化、服饰文化;从地方方言、地方戏曲、传统手工艺术到乡规民约、家风传承、时代精神;从讲解、观赏、参与到动手制作;从同学之间的沟通到学员们与村民之间的互动交流;从个性化的感悟到学习过程中的适时激励、通关式设计、阶段性教学成果展示、学习者的游学体会分享等,这都应在具体的环境下进行设计。

在进行模块化设计及主要环节设计的过程中,要注意课程教学的整体性和连贯性。如通过电子屏及时反映教学场景,让学习持续"升温";在就餐过程中介绍用餐礼仪,让学习者能更多地了解不同地区、不同民族的习俗;在休闲区域通过扫描二维码,让更多的人参与学习竞赛,提升学习的获得感;设置"高手在民间"擂台,让参与游学者有机会展示生活中的才艺或绝技等。在此类活动中,可以争取企业赞助部分纪念品,或与其他社会培训机构联动,为获胜者提供免费试听、试学课程的机会。

以"走运之旅"游学项目为例,概要介绍如下。

大运河简介:大运河历史延续至今,已有2 500余年。大运河自开凿以来,经历了多个朝代的修建和扩展,其开凿始于春秋末期的吴王夫差,后经隋、元两次大规模扩展,利用天然河道加以疏浚修凿连接而成。大运河全长约 3 200 千米,地跨北京、天津、河北、山东、河南、安徽、江苏、浙江 8 个省(直辖市)35 座城市。它纵贯中国华北大平原,通达海河、黄河、淮河、长江、钱塘江五大水系,是中国古代南北交通的大动脉。大运河的开凿和使用,对中国南北地区之间的经济、文化发展与交流起到了巨大作用。2002 年,大运河被纳入"南水北调"东线工程。2014 年,中国大运河成为世界文化遗产。大运河的设计之巧妙,充分体现了中华民族的创造精神,是劳动人民智慧的结晶,在世界水利史上享有盛誉。大运河文化带建设不仅需要文化工程等物质文化载体,也需要弘扬大运河文化自强不息、厚德载物、包容仁厚、自强不息等精神内核。大运河的丰富内涵需要我们花更多的时间细细品味,大运河的文化传承和保护需要我们每个人的参与和贡献。京杭大运河江苏段全长约 690 千米,是贯穿江苏南北的重要水系,流经徐州、宿迁、淮安、扬州、镇江、常州、无锡、苏州等 8 个地级市,江苏是中国大运河河道最长、文化遗存最多、保存状况最好和利用率最高的省份,直至今天,大运河江苏段仍是黄金水道,年运输量超过 10 条铁路。2014 年 6 月 22 日,中国大运河在第 38 届世界遗产大会上获准列入世界遗产名录。大运河在江苏省扬州市江都区邵伯镇境内有一段古运河遗址,其间包含了大量文化遗迹。

建设背景与政策环境分析:①2019 年中共中央办公厅、国务院办公厅印发《大运河文化保护传承利用规划纲要》;②一系列关于生态环境保护、河道治理、水利建设的国家文件出台;③2016 年 11 月,教育部等 11 部门下发《关于推进中小学生研学旅行的意见》;④2017 年,江苏开放大学、江苏省社会教育服务指导中心在全省推动游学项目建设;⑤大运河江都邵伯段为文化遗存最多、保存状况最好的河段之一;⑥江苏开放大学和江都区人民政府合作共建社区教育管理学院,江都区社区教育工作在全省有一定的影响力,可以有效地带动项目建设。

项目名称:项目启动之初,通俗地称之为"大运河之旅",项目相关工作人员几经讨论,觉得应该把运河之"运"用好,从传统文化、公众心理及语言表达等方面考虑,最后形成一致意见为"走运之旅"。既表达项目主题行走运河之畔的意思,又朗朗上口且寓意吉祥。

游学资源:游运河生态公园、运河遗产点段、邵伯古镇、廉文化与法治文化传承馆、邵伯船闸、邵伯保卫战烈士陵园及战史陈列室等,内容丰富,亮点纷呈。30 分钟车程内可实现联动运营的相关游学资源有江苏最美渔村——扬州市邗江区方巷镇沿湖村,由江苏省社会教育服务指导中心统一规划布局、扬州市开放大学继续教育学院组织打造的渔文化游学项目。

学习形式：行走于大运河之畔,通过看、听、品、思、做、答等环节,学习了解运河文化、船闸发展、水工技术、人文历史、红色记忆、古建风貌、法治精神等。依托世界文化遗产大运河的资源禀赋,设计出人文生态游、人文美食游和人文运动游三条游学者喜闻乐见、参与体验性较强的路线,增强学习性、科普性和互动性。通过数字化资源的呈现、通关式体验式学习、游学点的打卡累积学分,建立学习成果转换和激励机制,努力提高学习者的参与度和获得感。以"走运之旅"给项目命名,不仅贴切主题,也符合中国传统文化吉祥祝福的寓意。特别是用好"运"字,设计"走运指数"——通过若干知识、实践教学环节中的答题和操作而获得的积分,建立公众学习的自我激励机制,更好地促进公众学习。

项目自2017年开始建设,其间得到了中共中央宣传部、国家住建部、江苏省委宣传部领导的关注,特别是《大运河文化保护传承利用规划纲要》发布后,大运河旅游日益受到国民的青睐,该游学项目创造了良好的教育效益和经济效益。

七、乡村游学的价值分析

在信息爆炸、产业转型升级的社会背景下,"乡村游学"对于经济建设起着积极的推动作用;社区教育机构首创并积极推动新时代"游学"教育模式,对于促进社会精神的同化和对主流价值观的认同、推动文化的转型和变迁发挥着重要作用。"乡村游学"的价值主要体现在以下几个方面。

一是开创了新的教学模式。"游学"是对长期以来占主流地位的学校教育形态和传统"课堂"教学模式的一种突破。社会教育,事实上实施的是社会化教育模式,课堂灌输、基于网络的碎片化学习方式存在着很大的局限性。公众的学习不仅需要解决"学什么"的问题,更要考虑"在哪儿学""和谁一起学""怎么学"的问题。"游学"将课堂转换到乡村农家和大自然环境中,学习者可以带着家人孩子,约着亲朋好友,选择自己感兴趣的主题,进行游览式、自助式学习。社区教育产品的供给形式得到了优化,学习场地从固定变为移动,学习方式从被动到互动,学习内容从单一到多元,学习者的参与热情无疑会受到极大的激发。游学,使"寓教于乐"、"寓学于乐"、"学中做"和"做中学"得以真正实现。

二是推进了经济社会的融通发展。游学项目的建设,使得教育、文化、体育、生态环境建设、休闲旅游等融为一体,不仅衍生出全新的业态,而且"城乡一体化""绿色经济""生态农业""社会主义核心价值观""社会建设与社区治理"等一系列概念和发展战略的融入,使得公众可以在良好的环境中构建积极的人际关系,引领健康的生活方式,传承优秀的农耕文化,弘扬时代精神,形成中华民族强大的凝聚力。在自主学习的过程中,学习者能够提升个体素质,加强自我修养;在具体的游学项目实践中,学习者可以深度接触和了解社会,增强"四个自信"和民族自豪感、社会责任感。"了解什么知识""学到了什么技能""结识了什么朋友""带回了(自己参与制作的)什么产品",对于这些问题的回答,有助于学习者培养自身的创新和创造能力,在"全民创新、万众创业"的背景下,游学项目的教育意义更加深刻。

三是推动了多元主体参与社区教育,助力乡村振兴。作为我国当代社会教育的新载体,游学项目是一种开放、可持续发展的资源共享模式,它有效地解决了社会教育的有效资源供给严重不足的矛盾。在各地推进学习型社会建设的实践中,政府部门、各类学校、企业和社会组织,都可以借助乡村游学项目建设和运作的平台,汇聚资源,形成合力,提升整体效益。特别重要的是,企业的加入不仅是承担社会责任,而且在开展行业科普、建立品牌认同和提升公益形象等方面都有着内生需求。这为全社会共同参与社会教育,找到了一条可靠的道路。

四是开启了教育体制、机制改革之路。2017年8月,中共中央、国务院办公厅下发了《关于深化教育体制机制改革的意见》,这将对我国社会教育事业的发展产生重大而深远的影响。基于"以人民为中心、办人民满意的教育"的视域,从补短板、促进教育公平的角度,要大力发展乡村教育、社区教育和老年教育。因此,在深化教育体制机制改革的大背景下,游学项目的建设,从推动教育供给侧结构性改革、补社会教育之短板之角度,在体制机制、模式创新等方面迈出了可喜的一步。从多元投入主体的确立、建设模式的创新到基于社会的评价体系的探索,"乡村游学"在体制机制改革方面的综合效益正在逐步显现。一些地方《终身教育促进条例》《终身学习条例》的出台,就是一种积极的尝试。社区教育机构在建立健全政府投入、社会捐赠、学习者合理分担等多种渠道筹措经费的社区教育投入机制,拓宽社区教育经费来源渠道,坚持政府主导与社会参与相结合、公益服务与市场机制相结合,引入市场机制,打造个性化、优质化、定制化的社区教育服务产品等诸多方面都取得了突破性进展。当然,我国社会教育事业正蓬勃发展,在完善区域教育发展策略、确立经费保障机制、建立社会各方协调联动机制,制定科学的效益评价体系等方面,仍需不断探索创新。

第十二章　高质量发展农村社区教育

高质量发展是一个持续的"热词"——从经济领域延伸至社会全领域、全方位。当今的高质量发展,是以为人民谋幸福、为中华民族谋复兴作为推动发展的"根"和"魂"。必须坚持以习近平新时代中国特色社会主义思想为指引,坚持创新、协调、绿色、开放、共享的新发展理念,坚持问题导向并着力解决发展过程中的突出问题,推动各项事业的可持续发展,满足人民群众对美好生活的向往。高质量不是一个恒定的标准,而是一个追求卓越的过程。

什么是农村社区教育的高质量发展？东部一些省份曾经出台了"标准化""示范性"社区教育学校的遴选办法。目前看来,一方面,这类评价指标的确对当地农村社区教育的发展起到了一定的推动作用；另一方面,这类评价指标与"以GDP去衡量地区经济社会发展水平"无异。从实践情况看,农村社区教育的高质量发展绝不是以"出台文件、增加投入"可以表征的,农村社区教育的高质量发展主要表现为内涵式发展、积极有效的供给和群众的获得感等。

农村社区教育是以课程教学为核心的教育模式,其高质量发展的关键是积极有效的供给。积极,反映的是体现这个时代的目标导向；有效,反映的是当地的公众需求；供给,主要指"课程"。农村社区教育的高质量发展主要表现在以下几个方面。

一、坚持农村社区教育的时代性

教育的价值在于"立德树人",促进个体的自由全面发展和社会进步。

首先,教育是特定社会政治下的教育。纵观中外各国的教育,在不同的历史阶段、不同的社会制度下有着不同的教育目标和价值取向。中华人民共和国成立以来,国家提出的教育方针在不同时期也有不同的表述,诸如"教育必须为无产阶级政治服务,必须同生产劳动相结合","教育必须为社会主义现代化建设服务,必须与生产劳动相结合,培养德、智、体等方面全面发展的社会主义事业的建设者和接班人",教育必须"为人民服务、为中国共产党治国理政服务、为巩固和发展中国特色社会主义制度服务、为改革开放和社会主义现代化建设服务"等。

其次,教育是特定社会生产力水平下的教育。教育目的不仅要反映社会关系和政治经济的要求,而且要受生产力和科学技术发展的制约。技术的进步带动了生产力的发展、推动了生产关系的变革,才使得教育价值观、教育模式发生变化。

最后,教育是特定区域文化背景下的教育。不同国家的文化背景也会制约教育目的的制定,比如历史上基于文化传统形成的行业"鄙视链"对教育所产生的影响等。在新时代背景下,教育是提高人民综合素质、促进人的全面发展的重要途径,是民族振兴、社会进步的重要基石,是对中华民族伟大复兴具有决定性意义的事业。

马克思主义认为,任何事物的发展都是矛盾的普遍性与特殊性的辩证统一。对农村社区教育和老年教育而言,由于中国农村地区的总体发展水平梯度较大,既必须遵循党和国家的教育方针,又需要从区域的生产力水平、居民的生活状况、自然禀赋及环境资源等情况出发,把教育发展的基本规律与区域实际结合起来,坚持导向、尊重现实、引领学习、促进发展,走出一条具有区域特色的社区教育发展之路。

二、坚持农村社区教育的人民性

人民性是社会主义的本质属性。教育的人民性,就是以人民为中心发展教育,坚定不移推进教育公平,优化教育资源配置,形成政府主导、覆盖城乡、可持续的基本公共教育服务体系。农村社区教育是人民教育事业极其重要的组成部分,是乡村振兴的重要基石。农村社区教育的人民性,主要包含以下几个方面内容。

一是要体现社区居民的根本利益。在实施乡村振兴战略背景下,农村社区居民的根本利益就是人与社会、人与自然和谐共生,精神和物质生活共同富裕。这是农村社区教育、老年教育开发、设置课程的根本依据。

二是要回应当地居民的普遍关切。农村社区教育要关注处在特定自然环境下、特定产业背景下、特定生存状态下,特定时期的人民群众迫切需要怎样的社区教育。知识就是力量。从知识到力量的转化可能会是一个长期的过程。社区教育是弱势的,无力为居民解决所有的问题,但社区教育本着"食药同源"的理念,同样是可以有所作为的。我国古代医圣李时珍有一句名言:"急则治其标,重则治其本。"要以钝化、解决普遍关心的问题为出发点和落脚点,设置恰当的课程,实施有针对性的教学活动。解决问题,总是以教育疏导工作为先行的。

笔者曾遇到过这样一个农村土地流转过程中的纠纷处理案例:一群村民堵在一家农业企业门口,要求企业提高土地流转金,原因是乡里的招商宣传中提到这家企业实现了多少利税,深层含义就是该企业挣到钱了。基层干部出面调解,村民们不买账,高喊"官商勾结",一时无法平息冲突。这就严重影响了企业正常的生产秩序和企业形象。此时,恰逢社区教育的法律兼职教师在场,无奈之下请他出面。让大家安静下来之后,他向村民们提了三个问题,一是你们的土地流转合同上是怎么写的?二是土地未流转前,这块地的年收入有多少?三是如果企业没挣到钱,你们同意降低土地流转金吗?村民们沉默了。然后,这位老师又让企业负责人向大家通报了前期投入情况……

"标"治了,一场风波终于平息。然而事情并未结束,社区教育中心校长站了出来饱含热情地对大家说:"乡亲们,社会在进步,我们的日子也越过越好了,我们要学会保护自己,不能干违法违规的事。现在不是人多嗓门大就能解决问题,要讲法。大家知道隔壁村的事吧,老板跑路了,村民们不但没拿到土地流转金,还由于地都硬化处理了,到现在也无法耕种。怎么办?我们要学法、用法,维护自己的合法权益。"他将一起纠纷处理过程化为社区教育的"招生"宣传,进而从"治标"走向"治本"。

当然,化解人民群众"急难愁盼"的问题,不是全像这个案例这么简单。发挥社区教育的基础作用、引领作用,不是一蹴而就的,需要精心开展课程设计,确保供给的有效性,否则,可能会适得其反。

三是要有一定的办学规模。作为兜底的教育,农村社区教育一定是重心下沉、并努力面向全体村民的。农村社区教育作为教育产品的供给者,其定位不是奢侈品商店,也不是专卖店,而是大卖场——凡居民所需要的学习内容都可以提供,凡所提供的一定有消费需求。没有教育规模,就难以收获教育效益,也就没有教育质量,更难以体现其人民性。

四是应关心"弱势"群体。这里的"弱势"群体是指在受教育机会方面由于主客观原因而很难有机会参与社区教育的村民。实施乡村振兴战略,在引领乡村居民参与社区教育的路上"一个都不能少"。一方面,应创造条件,采用远程授课的方式;另一方面,则是送教上门,满足这部分村民的学习需求。

三、坚持农村社区教育的社会性

发展农村社区教育不只是教育部门的职责,也是全社会的共同责任。在知识经济社会里,接受教育,提高国民的科学文化素养,将成为一个国家发展生产力最主要的手段。国家的稳定、繁荣与社会成员的个人素质息息相关。一个国家国民素质的高低、掌握知识的多寡,将成为决定国家和民族的发展程度以及国家在国际竞争中的地位的重要因素。进入知识经济时代,虽然我国的文盲率从新中国成立之初的80%降至2022年的2.67%,但国民素质的提升仍然有极大的空间。国务院前总理温家宝同志曾语重心长地寄语中国驻韩使馆和华人华侨及留学生代表:"一个国家需要强大,除靠经济和民生的改善之外,还要靠国民素质的提高……中国人要无论走到哪里,都令人感到中国人是有很高素质和文明的人,才会得到别人的尊重、佩服和景仰,这就是国家的形象。"马克思主义认为,人是社会的人。没有学习化的社会环境,也就难以快速提升国民的素质;没有全社会的普遍重视,也就难以发展社会教育和社区教育。

生活在社区的人们来自社会各个方面,社区教育就像是一个多棱镜,从不同的角度看到的影像并不相同,无论是个体,还是社会各个部门(党委、政府部门、社会组织),都应为获得属于自己的"影像"成果而努力。

对于社区居民而言,需要通过教育教学活动习得知识、掌握技能、陶冶情操、完善人生,进而提升自身的人力资本,赢得社会的尊重;对于各类组织而言,需要展示形象、履行职能、服务民众、体现价值,进而推动社会的变革。在中国式现代化建设的进程中,一切政府组织和非政府组织都应该成为实现中华民族伟大复兴基础工程的重要基石。

教育部门承担着教育改革与发展战略和教育事业发展规划的制订、指导和协调实施等工作,应当把握不同发展阶段教育发展的重点、结构、速度,协调推进教育的全面高质量发展。必须突破理念、制度、模式的束缚,少一点功利性、多一点公益性,少一点精英化、多一点大众化,少一点学科性、多一点生活性,让教育的力量不只是反映在规模、升学率、名校建设上,而是更多地表现在全民素质的提升上,体现在推动生产力发展上,凸显在促进技术进步和科技成果转化上,并努力补齐教育发展的短板,特别是为包括农村社区教育在内的社会教育提供政策支持、资金扶持、师资培养、办学督导等,真正落实"坚持以人民为中心""办人民满意的教育"的理念。

民政部门肩负着"上为政府分忧,下为群众解愁"的重要职能,仅从城乡"居民最低生活保障、社会福利和社会事务"管理的角度看,生活不只是物质生活,也包括了精神文化生活,社会福利和社会事务中也包含了国民受教育的权益。给基层农村社区教育机构一个名正言顺办农村社区教育的机会,一个为农村居民提供教育的服务平台,是广大农村社区教育工作者最基本的诉求,也是解决群众"急难愁盼"问题的一项重要举措。

文化部门承担着推动文化产业和旅游业融合发展的重要职责。诸如推动文化旅游产品创新、促进文化旅游产业与其他产业的融合发展、推动中华优秀传统文化的传播和弘扬等具体职能,都与城乡居民密切相关,从扶弱救贫的角度,更应当支持农村群众文化和社区教育事业的发展。

体育部门事关全体公民的一项重要职能是:推行全民健身计划,指导并开展群众性体育活动。到乡镇一级既无专门机构,也无专职人员,即便是有所谓的"专人负责",也根本无法推进农村群众性体育活动。村一级居民自治组织又如何推动?靠谁去推动?唯有靠村民自身的觉醒,社区教育则完全可以承担全民健身和群众体育事业发展引领者的角色。

卫生健康部门"主要负责本地区卫生、居民健康"。事实上,在农村居民眼中,卫生健康部门的职责只是管理医院和疫情防控,其他的基本做不了,而农村普遍存在着"重医轻防"的问题。《黄帝内经》所说:"上工治未病,不治已病,此之谓也"。社区教育虽非"上工",但可以通过教育教学活动让居民获得卫生健康相关知识和技能。

工信部门面向工业和信息化产业"管规划、管政策、管标准",其产品覆盖人们的全部生活,也与乡村振兴密切相关。农村社区教育机构也完全能够找到结合点开展教育教学服务,更好地服务人民群众对美好生活的需求。

所有的党委部门和群众团体都肩负着组织群众、宣传群众、服务群众的职能,都是"为人民服务"的,城乡居民所需就是其奋斗目标。

企业既应承担社会责任,也需要拓展农村市场,比如在普及家电使用维护知识和技能的同时,赢得顾客的信任,从而创造更大的经济效益和更好的品牌形象。

显然,在"建设中国式现代化、实现中华民族伟大复兴"的旗帜下,在推进乡村振兴的征程中,任何组织都不能置身于乡村居民的教育需求之外。

由此,农村社区教育必须主动融入政府部门的工作,勇于、善于做好"代工"。县级社区教育机构隶属于教育行政部门,乡镇社区教育机构则由基层政府管辖,是教育各领域中的弱势群体,要争取党政部门和社会的支持。农村社区教育机构应弱化自身的价值取向,遵从政府组织目标导向和社会公众的需求导向;农村社区教育工作者不要给自己贴上"教育"的标签,而应自觉成为推动乡村振兴的主力军;农村社区教育只有在积极的奉献中,才能求得自身应有的地位;只有全社会共同参与和支持,社区教育才能成为服务全民终身学习的兜底的教育。

四、坚持农村社区教育的草根性

野草是阳光、水和土壤共同创造的生命;野草看似散漫不羁,但却生生不息,绵绵不绝;野草永远不会长成参天大树,但野草却因植根于大地而获得顽强的生命。所谓"草根",直译自英文的 grass roots,一是指同政府或决策者相对的势力;二是指同主流、精英文化或精英阶层相对应的弱势阶层,他们简单、低调,热爱身边的每个人,有时甚至是坐井观天,却骄傲地生活着。

农村社区教育的对象是农民,主要面向的是老人。在老一辈农民身上,有着勤劳、质朴、善良的优秀品格,也存在着守旧、封闭等与生俱来的弱点。服务于农村居民的农村社区教育就该像野草一样,富有民众精神,以凝聚力、生命力和独立性存身于地方的社会事业之中。

农村社区教育的草根性应体现在以下几个方面。

一是发扬"孺子牛"的精神,不和学校教育攀比地位得失,俯下身子,以满腔热情服务于社区村民的学习需求。

二是发扬"下里巴人"的精神,扎根乡野,创新教育模式。通过放映怀旧电影,提升村民的组织化程度;通过晚会演出方式,以"地方戏曲"的旧瓶装"时代精神"的新酒,加强社会主义核心价值观和国家方针政策教育,全面提升村民素养;围绕乡村振兴的总要求,通过故事会、"一事一议"的方式剖析农村的典型事件,引导村民积极投身于时代洪流。社区教育要以务实的教学内容、新奇的教学方式,展示自身的独特魅力,在泥土里生根、开花、结果。

三是发扬"农民工"精神,主动服务党委和政府部门,积极联系企事业单位,哪里能为村民提供帮助就去哪里,哪里愿意合作开展农村社区教育、老年教育就联系哪里。农村社区教育机构要勇于做"代工",并努力成为地方开展各种教育服务活动的枢纽。

五、坚持农村社区教育的愉悦性

学习快乐,快乐学习,应该成为社区教育的追求和特征。学习快乐吗?质性研究的结果得出的结论并不令人意外:对青少年而言,追求自由快乐是其天性,在学校本位和社会本位价值观驱使下，对学生的评价往往是片面的、抹杀个性的，所以多数青少年的回答是学习不快乐；成人的岗位继续教育，特别是离岗脱产学习是一种机遇、一种对职业生活的调剂，因此大多数人的回答是快乐的；对社区教育、老年教育学习者而言，一部分人学习是因为信念和兴趣的支撑，他们认为是快乐的，另外一部分人认为学习活动本身让人愉悦，所以他们总体上是快乐的。值得注意的是，在社会阶层相对固化、就业市场相对低迷、城市生活费用高昂的现状下，大量农家子弟高校毕业后，依旧回到农村，加入"农民工"大军。致使新"读书无用论"泛起，也影响了村民参加社区教育和老年教育的积极性。

在这种情况下，让学习活动变得快乐起来，也就成为农村社区教育的必然要求。快乐学习至少应具备以下几点条件。

一是良好的学习环境，整洁美观、温馨宜人。利用农村竹木花草资源，把环境布置起来；准备好开水和纸杯、常用药品等，把服务水平提上去；将教室的钢制座椅换成简易沙发或简单软包座椅，增加一点舒适感和温馨感，让老年人愿意走几步到这里来学习、品茶、聊天。

二是有用的学习课程，供其所需、学有所乐。通过课程的学习，学习者在一定程度上可以为家庭和社会尽绵薄之力，加上有志同道合者一起学习，让老年生活不再无聊、乏味，家人放心，自己开心。

三是积极的情绪调节。老年人逐步退出了社会中心，对事物的感知能力下降，在家庭中的话语权慢慢旁落，他们往往会觉得自己正在被社会生活所抛弃，情绪也就越来越低沉。很多人正是因为这个原因，才参与社区教育的课程学习，希望能找到有共同话题的人，有聊天倾诉的对象。农村社区教育机构如果给老年人更多展示自己、证明自己的机会，就会对老年人的心理和情绪形成积极而有效的调节，他们也就更乐于学习。

快乐学习取决于课程学习的价值取向，面向老年人的教学活动的目的主要是满足他们的精神消费，从这一点出发，农村社区老年教育实施快乐学习的目标完全可以实现。

六、坚持农村社区教育的本土化

根植社区，是由社区教育的属性所决定的，课程的本土化是农村社区教育的生命力所在。社区教育的社区，不仅是行政区划的社区、更是产业的社区、文化的社区。在农村社区教育、老年教育发展进程中，一些地方社区教育机构是人来人往、一桌难求，也有一些地方是门可罗雀、办学惨淡，其直接原因就是社区教育的所谓"品牌"课程叫好不叫座,草根教育正蜕化为"精英"教育。

不同地区的农村社区教育,就像同一棵树上的两片树叶,绝对不可能完全一样。所以,任何一地的农村社区教育都无法套用城市社区教育的模板,也不能成为别的农村社区的再版。任何寻找捷径、依葫芦画瓢的做法,只会带来"南橘北枳"的结果。

当然,这种区域化并非一成不变,除了伴随着经济社会的发展而渐变,还随着乡村振兴的进程中大量新的劳动因素进入农村而发生突变——尤其是人力要素进入之后,产业形态的变化、都市商业文化的进入,会给农村社区教育的教学内容和形式带来明显的变化。而在城乡融合、城乡一体化发展战略下,农村社区教育和城市社区教育也会在一定程度上出现趋同现象。变是绝对的、不变是相对的。无论怎样的变化,都是农村吸收了"外来文化"并逐渐内化的过程。

七、坚持农村社区教育的生活化

唯有生活化教育才能成为真正的全民教育。教育的产生,就是为了满足人类传递社会生产经验和社会生活经验的需要。当代教育学理论发展的重要趋势之一,就是从"抽象的人"回归"生成的人"或"现实的社会的个人"。生活教育即人的教育,学校教育其实是生活教育的组成部分。

现代教育学理论实际上是先研究学校教育,而后再讨论生活教育的。因此,就在不知不觉中颠倒了学校教育和生活教育这两个概念之间的逻辑关系。陶行知先生曾经给生活教育下过这样的定义:"生活教育是给生活以教育,用生活来教育,为生活向前向上的需要而教育。"他强调:"生活教育是生活所原有,生活所自营,生活所必需的教育。教育的根本意义是生活之变化。生活无时不变,即生活无时不包含教育的意义。"联合国教科文组织在《学会生存:教育世界的今天和明天》一书中,实际上已经向整个人类的教育世界发出了"回归生活世界"的呼唤。社区教育的生活化,是指其围绕本地居民的生活而展开,以形式多样的课程为居民提供知识、技术和艺术的学习支持。

八、坚持农村社区教育的个性化

个性化教育,是指通过对被教育对象进行综合调查、研究、分析、测试、考核和诊断,根据社会或未来发展趋势、被教育对象的潜质特征和自我价值倾向以及被教育对象的利益人的目标与要求,量身定制教育目标、教育计划、辅导方案和执行管理系统。

我国著名教育家叶圣陶先生强调,教学"要切合学生实际"。苏联教育学家巴班斯基在其最优教育理论中提出:个性化教育认为每个学生都是独特的,具有不同的学习风格、兴趣和需求。因此,教育应该个性化,根据学生的特点来调整教学内容和方法,这有助于激发学生的学习热情,提高学习成就。要鼓励学生通过提出问题、解决问题和探索课程内容来学习;通过引导学生积累经验、实地考察和社区参与来建构知识,培养学生的批判性思维、解决问题的能力和创造力;要尊重学生各自的社会和文化背景等。

农村社区教育实施个性化教育既有必要,也完全可行。所谓必要,是基于学习者极其显著的个性化差异,学习者的年龄、受教育水平、学习能力、生存状态、兴趣爱好、价值取向、学习需求等各不相同,唯一的共同点是生活在某一个特定的区域之内——可以集中到某一地点参与教学活动。在这种情况下,要激发学习者的热情,唯有开展从内容、形式到评价标准都具有个性化的教育活动。农村社区教育、老年教育让学习者不受学科、专业的限制,基于改善自身生活的需要,自行选择课程、参与建设课程、自主评价教学效果,并且在生活实践中学习,达成教育的个性化,这亦是对"最优教学理论"的实践。

九、坚持农村社区教育的非学校化

社区教育的非学校化,是指社区教育必须突破学校教育理论的桎梏,不被学校教育模式所束缚,在课程设置、教学方式、教学激励、教学评价等方面走出一条适应、引领城乡社区居民学习需求的实践模式。

社区教育的非学校化,并非社区教育自身的标新立异,而是基于需求导向的社区教育供给侧改革的必然要求。如果说城市老年大学的"一桌难求"是供给不足,那么农村社区教育的"门可罗雀"则是供需脱节。这种供需脱节的矛盾主要是社区教育的学校化——学科性的文化知识教育所造成的。

现代教育学始于赫尔巴特的普通教育学,它主要探讨的是学校教育,甚至提出了"不存在'无教学的教育'这个概念"。事实上学校教育理论的泛化、社会的学习化倾向已经严重影响着个体的自由全面发展和社会变革的进程。美国教育学者伊万·伊利奇认为现代学校是"与教师有关的、要求特定年龄段的人全日制学习必修课程的过程","是基于学是教的结果这一信条而建立起来的一种制度"。他对学校教育的批判包括:其一,建立学校所依据的假设荒谬至极;其二,学校垄断了教育的权利与资源;其三,学校编造并灌输着社会神话;其四,学校剥夺了学生自主学习的权利、欲望和能力;其五,学校使人早早异化;其六,学校使大多数人成为失败者。事实上,"个体的成长并不是一个可测量的实体,它是个人饱经磨炼、与众不同的发展结果,既无法依据任何尺度或任何课程来加以测量,也无法将之同他人的成就相比较。""个人一旦甘于接受别人用他们制定的标准来测量自己的个人成长,那么很快会用同样的标准来自行测量。""已经被学校化了的人无法获得那些测量不到的体验。"

社区教育的非学校化核心在于:只有整个社会都充满学习机会,使教育回复原有的精神和效果,采用非正规、非正式的学习方式,人们才能全心全意投入学习活动,获得与真实生活世界不断适应与学习的结果。

陶行知先生认为,人类是"为生活向前向上的需要而教育",这并非是把学校教育移植到生活中去,而是不能将生活中的教育学校化。然而,在社区教育的实践中,学校化倾向却是根深蒂固的。一方面,教学双方都在不同程度上接受过多年的学校教育,学校教育的理念和模式深深地影响着师生,他们潜意识里认为社区教育就该是学校那样,供给方觉得天经地义,接受方觉得难以忍受。另一方面,学校教育在国民教育体系中始终处于强势地位,正规教育的政策体系完备,社会地位远高于社区教育。而随着各种新提法的出现,"社区教育"概念、相关统计数据甚至都已在人们的视野中淡去。由此,社区教育的供给侧和需求侧必然渐行渐远。

我国社区教育的发展原本就是自下而上的,教育行政部门的传统观念、学校教育专家的偏见、学校化的社会很难一下子得到根本性的扭转。实施乡村振兴战略,为农村社区教育的发展打开了一个新的天地,唯有走出一条非学校化的路子,才能吸引更多的居民参与学习,才能充分展示农村社区教育的力量,也才能更好地助力乡村振兴战略的实施。

十、坚持农村社区教育的多样化

个性化的教育呼唤教育的改革,不同区域、不同经济文化背景下的社区也期待着社区教育的多样化。2016年以来,为贯彻落实《教育部等九部门关于进一步推进社区教育发展的意见》,一些地方教育先后出台了关于"标准化""示范性""现代化"社区教育学校建设的意见或评估办法。办法的出台,一定程度上推进了基层社区教育机构的条件建设,但并未能对社区教育的发展带来明显的影响,甚至引发了一些新的矛盾。可以说,社区教育,特别是农村社区教育和老年教育,依然处于起步阶段,许多地方是社区教育机构在自我娱乐,尚未走出条件差、师资少、有效供给不足、公众知晓度低的困境。

就全国而言,除东部发达地区、特大城市周边部分地区外,其他地区的农村社区教育基本处于起步阶段。基于社区教育的性质特点,教学内容和模式的多样化是必然趋势。在农村社区教育发展过程中,最需要的是构建政策保障机制来引导积极发展、规范物化要素管理、激励公众参与,而非出台建设标准和评估办法。在调研过程中,经常会触及这样一个令人深思的问题:这样的评估达标如何? 不达标又如何? 这类评价的主体是县教育行政部门和乡镇政府,实际迎评工作由农村社区教育机构负责,从档案材料看,"党委重视、政府主导"方面的指标都会是满分,甚至人员、经费也都很好,教育教学活动却往往是东拼西凑的政府培训课、自发的群众性文体活动等。这种培训的原因,从根子上看是重视不够,从技术上看是学校化思维惯性。面对现状,一方面,在体制框架下,必须走出"一放就乱、一管就死"的怪圈;另一方面,在坚持以人民为中心的理念下,要鼓励各地因地制宜、百花齐放。

当前,社区教育,特别是农村社区教育正处于机会与危机并存的时期。近几年有一本营销学的畅销书叫《爆裂》。书中提到这样一个观点:在充满了复杂性、不对称性以及不确定性的世界环境下,应该遵行"九项运行原则"——"涌现优于权威,拉力优于推力,指南针优于地图,违抗优于服从,风险优于安全,实践优于理论,多样性优于能力,韧性优于力量,系统优于个体"。作者不主张循规蹈矩、按图索骥、安于现状,并且也不主张通过主观性预测去制订条条框框的计划,强调了自组织、适应性、复原力、多样性及创造性的价值取向。这一观点对我国社区教育的发展有着借鉴意义:应该鼓励各种形式先进典型的"涌现";鼓励在实践中探索,敢于容错,走出区域发展的特色之路;鼓励持之以恒、久久为功。

附录

案例精编及分析

笔者在对我国农村社区教育进行实地调研的过程中,掌握了一批农村社区教育典型案例。立足于乡村振兴视域和课程建设,从热点——乡村振兴进程中带有普遍性的问题、难点——形势政策和社会主义核心价值观教育、兴奋点——抓住机遇发家致富等多个角度,运用课堂讲授、实践操作、文化活动等多种教学组织方式和形式,选取了其中部分典型案例,呈现给读者。

这些案例都有现实中的原型。其中有些是所在地区提供的原始材料,另有一些则从课程建设的视角进行了充实和再设计。需要强调的是,本书讨论的课程建设,仅仅是从现有的理论和实践出发,努力达成"供课程设计与开发参考"的目标,并非是遴选或是评审,不对案例的真实性负责。考虑到区域的不同情况和避免给案例选用地方带来困扰,有些案例隐去了其具体单位。

案例一：农村产业转型升级的助推器

江苏北部某个远离中心城市的农村乡镇，地处低山丘陵与黄淮海平原交接地带，交通闭塞，典型的丘陵地貌使得山瘠地薄，产业基础薄弱。地方传统文化受到东夷部族文化、齐鲁文化以及吴、越、楚文化交汇的影响，包容性强。10年前，该地的经济发展水平一直较为落后。

一、面对的核心问题：如何带领农民致富？

发挥地方资源优势，转变生产方式，调整产业结构，推动经济发展是基本路径。该镇依托北纬35度地带最适宜水果种植的优势，大力发展水果种植及加工业，从市场需求出发，选准主要产品，逐步形成政府引导、企业带动、合作社带头、农民广泛参与的蓝莓全产业链发展模式，形成了集种苗培育、种植、加工、销售和科研于一体的蓝莓全产业链发展格局。目前，全镇特色水果种植3万余亩，其中主导产业蓝莓达11 000余亩，每亩每年产鲜果约2 000斤，年总收益达7 500万元，仅蓝莓产业可使农户人均年增收2 000元。该地依托蓝莓产业发展现状，集中整合资源，建设了专业化蓝莓交易市场，为购销双方提供交易前、中、后的一体化服务，并通过蓝莓物联网流通，打造全国蓝莓交易信息大平台，建成了乡村旅游和工业旅游区，全面推进乡村振兴"产业兴旺、生态宜居、乡风文明、治理有效、生活富裕"总要求的落实。

二、社区教育如何助力乡村振兴？

在这个过程中，针对产业的转型发展，对社区教育的任务进行梳理，主要应包括以下几个环节。

（1）如何应对新生产要素的进入

进行乡村振兴战略的政策宣传教育、市场经济理念与常识教育，让村民了解，无论是人才、资本，还是企业进入农村，目的是多元的，但最重要的一点是：新要素的进入不是慈善，而是投资，对方是要赚钱的。各取所需、合作共赢是共同的价值取向。

（2）土地流转过程中的法律常识和市场经济理念教育

在土地流转过程中，讲解土地的性质、土地流转的政策要点、土地流转中的法律问题等。重点是土地流转应该基于自愿的原则,是市场行为,必须尊重双(多)方签订的合同条款,任何一方如有违约行为,都应承担相应的责任。

(3) 企业入职培训

由社区教育机构配合用工企业人力资源管理部门面向农村劳动力就地转移的人群开展职业技能培训。

(4) 生态环境保护教育

在从传统农业到产业融合的进程中,由于工业企业进入、资源开发等诸多因素,势必会对生态环境造成影响。农村的生态环境保护教育,一方面,要防范新的污染源的发生,坚决守住环保红线;另一方面,要引导村民转变生活方式,减少生活污水的排放,全方位地建设和守护美丽乡村和美好家园。

(5) 文明乡风、家风塑造

当熟人世界"闯入"了陌生人之后,人际关系也必将得到重塑,每个社会成员都希望在新的社会关系中提升自己的地位,这是家风建设的内在需求,而家风、家训的传承,既是伦理的要求,更是我国五千多年优秀传统文化传承的重要内容。随着乡村振兴战略的持续推进,农民的口袋渐鼓、肚子已饱,已经开始进入"补脑"阶段——生活富裕不仅是物质的,而且也是精神的,文明乡风和良好家风建设也就成为必然要求。

(6) 地方文化传承培训

不同于其他地区一般性的优秀传统文化课程,该地不仅是传承文化,而且是为文化产业的发展做好铺垫——展示区域文化,讲好本地故事,为发展乡村旅游业做准备。

(7) 普通话及文明接待用语培训

这既是农民居民为提升自身素质做努力,也是为今后的生存、生活做准备。

(8) 电子商务培训

土地流转之后,农村居民仍然有小块不能连片的土地可以耕种,搭上了水果种植这班车,自然就想获得更大的收益,要把自家种植的水果销售出去。一方面,他们可以通过企业和专业合作社的销售平台售卖;另一方面,就是自己开设网店售卖。农村电商培训也就成为社区教育重要的课程。

(9) 旅游服务业基本知识和技能培训

随着特色种植业的发展、环境的改善,乡村旅游业快速发展,一批餐饮、民宿、果园采摘、农家乐等项目兴起,为农村社区教育发展拓展了广阔的空间。

（10）健康生活教育

从温饱、小康到全面小康，生存状态的改变使社区教育的课程内容也发生了变化，引导村民积极健康的生活方式，也就提上了社区教育的日程。从休闲娱乐、养生保健，到文化传承、社会主义核心价值观教育，多种形式的社区教育、老年教育活动更加有声有色，农村居民的社区教育的参与率、获得感、满意度得到了明显提升。

2019年，该镇社区教育中心获得省级"教育服务三农示范基地"称号；2022年1月，镇党委被评为省级乡村振兴先进集体。

该案例以当地引入一家农业科技公司为契机，通过土地流转方式栽种果木，当地农民经过技术培训后到企业就业，在企业和农户履行合同过程中对履约主体进行法律知识培训，带动农户个体在种植过程中接受食品安全和绿色发展教育以及销售前的营销策略培训等。在不同业态下，农村社区教育都有存在的价值和舞台，在"传统农业—高效农业—观光农业"的发展进程中，社区教育因势利导，全方位、全流程发挥"基础工程"的作用，促进了农村一二三产的融合发展，朝着乡村振兴的目标阔步迈进。

此外，该案例以提高村民的自治与守法、维权意识为目标，开展法律基础知识教育；以关注老年人身体健康为切入点，开展健康保健、食品安全、个人卫生教育；以传统娱乐项目为基点，延伸开展传统文化教育活动；以地方旅游资源的推介引出游学项目的建设，把学习元素有机地嵌入旅游之中……从区域出发，可以梳理出若干脉络，强化成若干条教育主线，去有效推进优秀传统文化、生活常识、伦理道德、心理健康、实用技能、时代精神等方面的教育。

点评：一个先进的社区教育机构，一门优秀课程，不仅要响应政府号召、适应公众需求，而且要敢于引领公众需求和经济社会发展。与城市相比，农村社区教育机构在这方面有着天然的优势：熟悉居民生活状况，了解地方经济发展需求，明确教育教学目标，因势利导，顺应经济社会发展的总体趋势，围绕政府阶段性目标，从居民的利益出发，合理地设置课程，真正帮助居民解决问题和困难，会取得更快、更好的效果。

案例二：传统文化与时代精神的交响曲

江苏某镇处于苏中地区,该镇人口约2.2万人,既有人口流出,也有人口流入。近年来,该镇位于全国千强镇中间位置,是首批省级生态文明建设示范镇、国家级卫生乡镇、曾获"全国环境优美乡镇"称号。

和其他农村乡镇一样,该地常住人口中老年人比重大,由于经济发展水平较高,远离县城又地处水网地区,老年人的闲暇时间较多,平时文化休闲活动相对较少,日常活动中打扑克、打麻将的情况比较普遍。社区教育的课程设置和附近农村乡镇基本类同,主要是生活技能、养生保健、隔代教育、休闲娱乐等主题的课程。在推进社区教育高质量发展的过程中,社区教育机构纠结于"如何让更多的人参与学习"的难点问题,而最困难的是如何提升时事政治学习、社会主义核心价值观教育的效果。

如何破局？社区教育绝对不能放弃德育,也不能只管开课却不考虑实际效果。唯一的出路在创新教育教学方式,以村民喜闻乐见的形式开展教学活动,在参与活动中达成教育教学目标。

在业内专家的指导下,社区教育中心的教职工分组下到部分村居开始了以"课程建设"为主题的专项调研,问计于社区群众。

汇总调研情况时,有一件事引起了大家的注意：有相邻的几个村的社区教育课程在同一时间都突然停课了。为什么会同时停课？经了解,既不是教师的原因,也不是天气的原因,而是因为一个村里有演出。

谁演出？演什么？有多少人观演？这不仅引起了社区教育机构的关注,也引发了镇党委和政府的重视。调研之后,大家弄清了事情的原委：有几个村的村干部曾是农村文艺宣传队的骨干,吹拉弹唱样样精通,退休之后闲不住,成立了一个文艺社团,自编自演了几个小节目,义务为乡亲们表演。

社区教育中心负责人敏锐地感觉到这是一个很好的机会,可以将其纳入社区教育的范畴,将教育融入文化活动。由此,一个全新的社区教育教学方式就在逐步的探索中产生了。

根据党委和政府的中心工作及其具体要求,由社区教育中心制定面向农村居民的教育宣传方案,针对不同的教育教学内容,进行融合、编排,聘请文化馆、学校的文艺能人编写剧本,宣传党和国家的方针政策,乡村振兴的任务、要求和目标,宣传身边的先进典型、抨击负面现象,开展社会主义核心价值观教育、法制教育等活动。

文艺社团以地方传统戏曲(如淮剧、扬剧、评书、快板、"三句半"、舞蹈、独唱、合唱等)方式排练完成后,在全镇范围内巡回演出。社区教育中心负责具体协调工作。同时,将有一定艺术水平的文艺人才纳入社区教育师资库,并通过培训使其能胜任器乐和声乐的教学工作,在社区教育中心面向村民开设音乐教育课程。

文艺社团从最初成立时的六七个人到现在的七十多人;从单纯的自娱自乐到有组织的课程教学,进而成为面向全体居民的大舞台、大课堂;从起初偶尔一次的演出到"月月红""周周乐",场场观众爆满。社区教育中心用身边的事、大家熟悉的人物、普遍关注的话题,以公众喜闻乐见的方式,实施有目标的教育教学活动,受到了地方党委和政府的高度肯定、农村居民的广泛好评。由社区教育中心主导的这支队伍也从散兵游勇逐步成长为一支推进全民终身学习的"文艺轻骑兵""教育轻骑兵"。

在这一案例中,社区教育中心从看似偶然的事件中,找到了契机,并加以引导,使得一个基层社会组织成为社区教育的重要力量。这是教育吗?有些专家和业内同行可能会提出这样的疑问。从教学要素分析,教师、学生、教材、教学场所与设施、教学过程、教学评价都存在,却不同于学校教育。基于本书主要是讨论"课程",课程何在?基于前几章对课程的讨论,这里的课程是复合式的:一方面,是文艺社团以"社区教育地方文艺工作室"的名义对社会招生,实施"传统文化"大类下的地方文化传承课程教育活动,报名学习的居民中包括公职人员、企业员工、在校学生等;另一方面,是在社区教育中心统筹下,由"社区教育地方文艺工作室"师生作为"教师"主体,实施对社区居民的活动性课程——教学场馆是镇政府办公楼前广场,教学方式是文艺演出,教学内容是法律知识、家风塑造、文明乡风建设等。教学互动环节是观众的掌声或喝倒彩的嘘声,教学评价是台下观众的多寡,是演出中途有没有出现观众大面积退场的情况,是下一次演出是否还有人观看,是基层党委和政府部门相关领导对演出内容的审查是否予以通过。

点评:课程怎么建?教师在哪里?什么是教育即生活?什么是寓教于乐?这一案例能够给人以明确的启示。

第一,协作是推动社区教育发展的主要因素之一。"社会变革教育几乎总是依赖于协作学习:协作学习是与人学习,而不是为人学习,它把个体学习视为集体学习的一个副产品,而不是其目的。"在群体性教学活动中,教与学双方不是对立的、固化的,而是相互依存、相互转换的。互为师生、教学相长,会更好地促进学习、提高教学效果。

第二,社区教育来源于日常生活。生活即教育,"丛林、山区和家都可以是学校",任何日常活动都可以转化为教学活动,而活动方式也就演化为教学方式。在社区教育中,互动、体验式的教学往往成为基本教学方式。

第三,社区教育过程中的娱乐化。学习应该是快乐的,社区教育的学习是一种相对无压力的学习,"自讨苦吃"的学习方式很难推动全民学习。虽然我们难以评价全民娱乐化的倾向,但从某种意义上说,这种倾向对教育教学活动产生了重要的影响。针对社区教育自身的特点,寓教于乐成为一种重要的教学组织方式的设计理念。

案例三：乡村振兴的"点灯人"

"潘老师带着我们策划电商直播课，我们'土农民'也跟上了潮流，让自家农产品又多了一个销售渠道。""因为潘老师的帮助，我这个仅有初中学历、种了近30年地的农民成了掌握专业化病虫害防治技术的新农人。""跟着潘老师学书法、种多肉，参加各类创意活动，生活变得多姿多彩，很多城里人都羡慕不已。我们也更爱留在家乡，想建设好家乡了"……

这个让当地人赞不绝口的潘老师，就是德清县雷甸镇成人文化技术学校原校长（现为德清阜溪街道成人文化技术学校校长）潘晓利。她曾获全国社区教育教学新秀、浙江2018年十大教育年度人物、浙江省乡村振兴实践指导师、湖州市"乡村振兴英才"等市级以上荣誉20余项。从19岁到47岁，从小学教师到成人教育工作者，28年来她持续在乡村一线担任教育教学工作。她独创的"利用自媒体助力乡村振兴"育人模式和"共富课堂"被650万人关注，在全国28省市推广；创编十大农艺课程，相关活动及经验被中央电视台、《人民日报》、《中国教育报》、《浙江日报》等媒体报道超300次，被誉为乡村振兴与"共富课堂"的"点灯人"。她持续帮助农户改变传统观念，建立微信群、开设"共富课堂"……将农村特有的自然生态、文化底蕴、地域特色等元素结合，运用互联网思维带领农民走出一条"数字变票子"的道路，用"教育力量"筑起了一道乡村致富的新风景。

一、从富口袋到富脑袋，七年建328个群，培训服务10.8万新农人

谈起自己的养虾经历，沈有根说，他得感谢一个人和她的群。"养虾是个技术活儿，以前刚开始养虾的时候，主要模仿隔壁村，可产量始终不高。"沈有根偶然间听说成校潘老师建有"青虾养殖技术指导与交流群"，就赶紧扫了二维码进群，向潘晓利表达了自己的困惑。

很快，潘晓利联系了水产专家，专门针对沈有根等一批新养殖户开展了4期青虾养殖培训，还带着专家上门指导。从发现问题到进群求助，不到两周时间，沈有根的问题得到了有效解决，虾塘的产量上来了，经济收入也提高了。

类似的例子在潘晓利的微信群里不胜枚举。

"当初建群就是希望能够通过培训实实在在地帮助农民。"2015年7月，当了18年小学语文老师的潘晓利调入雷甸成校工作。成校每年的培训任务很多，

如何知道村民是否真正需要？潘晓利想到了建群直接沟通的办法。除了了解村民的需求，她还会在群里及时推送乡村振兴新政策、致富新资讯、培训新通知等。

截至2022年8月，她一共组建了328个培训群，学员约10.8万人，线上线下互动及培训模式处处显优势。根据不同产业、不同年龄、不同需求，每个群都有价值，就拿当地的支柱农产品西瓜来说，有培养新型农民的"农业'双创'群"，有提高西瓜附加值的"瓜果雕刻群"，还有服务普通瓜农的"高产西瓜种植群"……

面对这么多学员，潘晓利总想着如何给学员分享更多优质"福利"。她邀请院士、专家、教授前来传经送宝，请当地的种养大户以"师徒结对"的方式带领致富。她还牵头成立了一个24小时开放的"晓之语"工作室，里面有法律、公安、卫生、医疗等各领域的专业人士，农民朋友不管遇到啥问题，都可及时得到专业解答。

"成校光培养技能还不够，得提高学员们的综合素养。"曾在小学工作18年的潘晓利，没有忘了"德育"。针对乡镇成校一般才三四个工作人员的实际情况，她坚持成校培训班由学员自主管理，大到课程规划的讨论，小到提前烧水、开空调等班务，都能获得相应的"诚信积分"。在成校，学员既可以在不懂的方面当学生，也可以在自己的内行上当导师。积分累计到一定分值，还可以换取别的培训项目。更重要的是，积分为企业招工求职、储备干部培养等提供了依据。"爸爸妈妈的努力能给孩子带来学习的机会，家庭女主人的勤奋学习能给男主人带来学习的机会，学员们的学习热情远超出我们的想象。"潘晓利说。这些经验与创新做法也为社区教育助力社区治理提供了宝贵经验，成为浙江学分银行的推广做法。

如今，328个"乡村振兴"培训群已是农民做大做优产业的大本营，雷甸成校也被评为全国首批乡村振兴研学基地。潘晓利感慨地说："一个个乡村振兴群连接了农民和成校，现在我跑到农村，一打开群就能找到农民学员，还发现群能帮助同产业不同地区的人，让他们互通有无、互相帮助，成校很多学员已变成各地农民的实践导师。"目前该模式已在全国28个省市推广。

二、从超万条回复到逐个解决问题，助农销售8 000吨，处处体现教育担当

2020年疫情期间，从1月22日开始一直到5月，潘晓利带领团队日夜忙碌在防疫抗疫工作一线，后续两年防疫常态下也处处展现教育工作者的使命和担当。

（1）云销售＋送到点，产品超 8 000 吨

新冠疫情期间，潘晓利建立农产品滞销沟通群 10 个，搜集全县 500 余家种植户信息，搭建网络销售平台，联络"美菜"等网上生鲜平台，帮 200 余户大户销售滞销农产品超 800 吨。组建便民服务群 16 个，实现蔬菜瓜果及日用品的"网上下单，送货到门"，订单超 1 000 单，满足了雷甸及周边地区五万人在特殊时期近一个月的日常生活需求。后面几年防疫常态下，潘晓利带领成校师生开展助农公益直播超 50 场，加上社区团购及平台销售，累计助农销售农产品超 8 000 吨。她个人也入选新时代脱贫攻坚浙江省百强青年网络主播。

（2）云春游＋群招工，受益超 4.4 万人

防疫常态下，潘晓利联合成校师生开展"精准服务行业 创新助力生产"活动，直播"卖"风景、卖特产，为杭州电子科技大学等高校的学生开展德清"云春游"活动网络授课 15 次，同时向全国 22 个地区推荐了"两山"理论下德清美丽乡村的新发展、新气象，创新性开展了"云上相约，共赏乡村振兴的美丽'春天'"云春游活动。助力复工复产，利用众多微信群开展招工求职活动 60 余场，为企业招工 1 500 余人，同时开展培训服务工作，为适应岗位培训超 6 000 人，辐射人群超 4.4 万，获各方好评。八年来，共发布招工求职信息超 10 万条。

一人同时做着十万余成员的"大群主"，随时要关注群信息，进行搜集、整理、反馈、对接，工作量不言而喻，有没有那么一瞬间会后悔？面对这样的问题，潘晓利摇摇头，"成校老师的成就感，很难用学员成绩或者奖项去衡量，但每当看到学员、农民朋友的微笑，我就知道成教工作者的价值在哪里，努力方向在哪里……"

心之所向，素履以往，这就是潘晓利心底的答案。

三、从项目引领到做实课程，持续培育处处开花，显"共富"课堂新气象

德清县有近 200 户种植户，雷甸镇范围内就有基地二十几家。潘晓利会根据时令节气经常去走走看看，了解农民需求，提供实在帮助。余国兴在雷甸成校的支持下外出培训学习种植瓜果，学成后经过一番打拼，将新田农庄做出名堂，国兴西瓜也成功申请浙江省著名商标。潘晓利鼓励余国兴等 20 多位农民专家开展"导师"帮带，同时围绕湖州成教农科教项目"乡村振兴、产业融合、农科教娱"一体的思路与各级部门对接，开展的 18 个农科教项目让更多农创客的项目从策划到实施到落地，让更多新农人对乡村振兴项目有了更多美好期待与广阔前景。

她还将"枇杷文化节"与社区教育主题项目深度融合。建议农户在寄走枇杷时加入手写书画;创设"网红枇杷"系列,"金玉满堂"作品让枇杷上"树",其销售价格翻了十倍;农户们以"三生三世 十里枇杷"为主题,创造了"甜蜜远航""初恋的味道""爱情摇篮"等68个作品,真正把文化植入枇杷。农产品的创意销售与乡村振兴直播电商班实践相结合,不仅带来了农产品的畅销及基地的附加值,更重要的是还能提升农民的成就感、自豪感、幸福感。截至2022年8月,潘晓利与直播班学员边实践边提高,通过直播、文创等方式累计帮助果农售出3 600万箱农产品,产值超2.2亿。

随着课程学习的深入,学员已从学种植、采摘,逐渐过渡到学习销售、包装、售后等环节上。雷甸成校的农村实用人才课程和创业培训班也纳入"共富课堂",分层有序推进中。学员作品甚至成了向社会推介德清、助力德清全域发展的一张张名片。在全省农民创富大赛等活动上,每一次创意作品都会带来轰动效应,"共富课堂"雷甸成校文化节线上线下同步举行,更引起650万人关注。

"为农民培训几次并不难,能点对点长期跟踪培育,把新型职业农民'扶上马''送一程',吸引更多人留在家乡,为建设美丽乡村出力,这才是'共富课堂'的初心。"潘晓利这么说,也是这么做的。她从课题到项目研究到特色课程开发,每一步都扎扎实实做起,特别是十大农艺课程更是有了显著成果。雷甸成校近三年培养农村实用人才5 800余人,考取国家各类职业资格证含高级工人才超8 000人。除水产养殖、特色水果种植、家庭园艺等培训,育婴师、保育员、插花师等纳入美好生活系列培训,将学员的农产品成果、创业成果化为"成人教育研学游学"亮点的展示,让更多学员体会到终身学习的好处。

雷甸成校独创的成教育人模式,近年来吸引来自全国各地的300多家团体参观学习,忙碌的她还利用工作空隙在全国各地做了100多场讲座,推广成人教育助力乡村振兴工作经验。尽管如此,潘晓利还是从未离开课堂,一直在田间地头调研、上课与培训,六年来编制微信学习感言《"晓之语"微信工作集》超8 000页约30万图文。雷甸成校"新农人学堂""农村创新创业人才孵化工程""百群共享学堂"等获省级、国家级品牌项目。

"无论是成人教育工作者的进步,还是成校大小学员的收获,都让我看到了在教育助推乡村振兴与共同富裕路上坚持的喜悦!"潘晓利感慨地说。乡村成人教育工作者是基层教育的重要一分子,是百姓实现"共富"梦的奉献者,她甘做教育助力乡村振兴的垫脚石,把创业知识、"共富"项目、美好乡村信息带给更多人。

点评：笔者和晓利同志相识多年，每一次听她发言，都会被深深地打动：为什么她能够做到？几年下来，随着我对她的了解逐渐加深，我似乎找到了答案。

首先是使命感。在她身上，闪现着一名教师的责任、乡村社区教育工作者的使命和共产党人的初心之光辉。她说，乡村振兴任重道远，教育是基础工程，所以，"农民想学什么我们就教什么"。她将"共富课堂"开到田间地头。以推动西瓜这一特色产业发展为例，从当初的"瓜王评比"，到请专家指导，到"申请浙江省著名商标"，再到打造"观光农业"，如何持续把这个产业做活呢？她借鉴外国的游学研学思路，将"共富课堂"与农科教项目深度结合，亲自为"空中西瓜"代言，使这种西瓜的价格从每斤8元卖到18元，还供不应求。同时，她进一步将西瓜课程设置成可游可玩可赏可尝的项目，雕刻后的单个西瓜就可卖到100到500元，雕瓜作品受到《人民日报》和中央电视台多次报道。此外，花艺课、保育员、育婴师等美好生活课程相继走红。"共富课程"走进田间地头，迁入兄弟社区的课堂，搬到了网上，累计已有10 000多人次订阅了他们的课程。

其次是共情力。她是一名教师，却不局限于教师的身份为群众服务。疫情期间，她利用328个微信群群主的身份进行防疫知识宣传，传达防疫要求，解答与防疫抗疫相关问题超5 000个，回复超万条。群内开课使3 000多人成为"防疫宣传员与监督员"；疫情最严峻的时候，面对着一边是老百姓买不到新鲜的瓜果蔬菜，另一边是农产品大量留在地里运不出的市场窘境，她毅然发布了10个农产品滞销沟通群二维码，短短半天，全县500余家种植户前来求助。同时她还主动帮助群里的货车司机、卡点志愿者申请跨市通行证，联络网上生鲜平台等，难以流通的各类生鲜果蔬一周内均销售完毕。而后，求助奶粉、药品等急需用品的诉求接踵而来，她又联系16家超市组建便民服务群，实现蔬菜瓜果及日用品的"网上下单，送货到门"，订单超5 000单，满足了雷甸及周边地区五万人在特殊时期的日常生活需求。疫情后，复工复产又成了难题，她继续发挥"群力量"，开展线上招工求职活动30余场，为企业招工5 000余人，同时开展培训服务工作，为适应岗位培训超1.3万人，辐射人群超4.4万。在当地村民心里，潘晓利充满了"魔力"，她不但是无所不包的能人，更是无处不在的亲人。

最后是成就感。在几年的乡村社区教育调研过程中，我们很少听到社区教育从业者谈及"成就感"这个词汇，即使有，也是就某件具体事情而已。而在潘晓利的言谈举止中却是满满的自信和自豪，她是一名敬业的老师，也是一位勇敢的探索者。

2016年，她牵头成立"晓之语"工作室，工作室每天24小时全开放（防疫期间凭密码进入），包括了法律、公安、卫生、医疗等各领域的专业人士为农村居民提供在线咨询服务。白天，这个工作室是供人休息的地方，晚上则成了创业者、新居民朋友沟通交流的场所。整个场所都是开放式自我管理，各种用品不仅没有少，还不断有新物件悄悄地被放进去。他们编辑制作的《"晓之语"微信工作集》为用互联网手段搭建与群众的沟通桥梁提供了丰富的实践案例。当潘晓利走进村里、走进田间地头，村里的男女老少如见亲人，无不热情地迎上来打招呼。

为了让更多的城里人认识到乡村的美好，她与团队直播在线"卖"风景、卖特产，为杭州电子科技大学等高校的学生开展德清"云春游"活动网络授课15次，同时通过直播、文创等方式累计帮助果农售出农产品8 000吨，产值超1.2亿。

她的成就感来自对乡村社区教育事业的热爱，来自对这片土地的深情，来自自身坚持不懈的追求。她的工作岗位变动了，职务依旧，只是"换块田继续耕种"。

社区教育团队的力量固然重要，关键还得有一位好的掌舵人。

案例四:文化传承的践行者

江苏南部昆山市巴城镇的社区教育中心占地13 400平方米,建筑总面积近10 000平方米,设施先进、设备齐全,建设了一支包括专职、兼职教师和志愿者在内的社区教育教学支持服务团队,在满足居民的精神文化消费、区域文化传承、弘扬社会主义核心价值观等方面做出了积极的探索,取得了明显成效,先后被评为市级"创建优秀学习型街镇先进单位"、省级"社会教育百强单位"等。

昆山,是"百戏之祖"昆曲的诞生地。昆曲自诞生后就迅速风靡全国文人圈,数百年间一直被视为中国艺术的典范,而近代以来却无可挽回地悄然衰落。

1 200多年前,唐代名伶黄幡绰是第一个唱昆山腔的巴城人;600多年前,元代文学家顾阿瑛是第一个拥有昆腔私家班的巴城人;400多年前,明代戏曲家梁辰鱼是第一个把昆曲搬上舞台的巴城人;约100年前,教育家吴粹伦与一众志士创办昆剧传习所,救昆曲于危难之时。而今,巴城昆曲文化基地聚集了《昆曲之路》的作者杨守松,梅花奖得主俞玖林、顾卫英和国家级非遗传承人朱晞等众多文化名人。在传承和弘扬中华民族优秀传统文化、坚持文化自信的时代背景下,重振昆曲的辉煌也就成为昆山人重要的历史使命。

2016年,巴城镇提出以"昆曲"为主题建设文化特色小镇的目标;2019年,巴城被国家文化旅游部命名为"中国民间艺术之乡(昆曲)"。抓住这一契机,社区教育中心乘势而上,以传承昆曲艺术为目标,以服务中小学生研学旅行和城乡居民游学为路径,整合昆曲相关教育教学资源,申报省级社会教育游学项目建设获批。2022年,巴城昆曲文化体验基地被认定为省级社会教育"优质项目化基地"。

巴城民曲文化体验基地的建设目标有以下几方面。

一是助力政府工程,传承弘扬非遗文化,推动昆曲小镇建设,提升市民文化自信。

二是开发昆曲游学路线,设立多维体验课程,满足多元学习需求。

三是积累、整合昆曲视频课程资源,构建线上学习平台,开展数字化昆曲教学。

四是整合多方资源,实现课程共建共享,促进全民终身学习。

在资源整合方面,具体有以下几点经验:一是整合教育资源,依托昆曲文化体验基地,联合古镇保护办公室、石牌小学、缘源昆曲社、俞玖林工作室、顾卫英工作室等,发挥名人效应和工作室优势,建立讲师团并开展培训活动。二是汇聚文创资源,"河南街杨林港南侧,东起虹桥,西至福星桥,街道两旁均是明末清初时期风格的建筑,130余米的石板街道、复古的四角亭、临河观景平台及仿古建筑商铺……其中有展示昆曲小镇的主题商业文化、具有特色的手工艺馆、茶艺馆"等,这些都蕴含一定的昆曲和江南吴文化元素,对于新昆山人和游客有着较大的吸引力,也就能成为社区教育的附着要素。三是丰富学习资源。首先是利用传统名曲和新编的曲目,通过工作室和社区教育中心的课堂,学化妆、穿戏服、学走姿、学唱腔,实施"正式"的昆曲教学;其次是以街头巷尾的背景乐曲,让旅游、游学人群沉浸于昆曲的氛围之中;再次是以周边商业配套推介与昆曲相关的文化产品,或组织游客观看昆曲表演;最后,游学人群还可以通过扫描散落于古镇各处的二维码,了解更多的昆曲知识。

此外,进一步实施课程开发。除昆曲外,依托地方文化,开展课程建设,先后开设中国结手工制作、景泰蓝掐丝手工工艺、竹文化与竹刻工艺、学唱昆北民歌等课程,形成了昆山系列的社区教育课程。

点评:昆山是全国经济最发达的地区之一,经济发展水平决定了居民的生活状态,当进入小康、甚至是全面小康阶段以后,居民对精神文化的消费需求迅速提升,若缺乏积极健康的引导,就可能导致一系列社会问题的出现。以当地人熟知的昆曲文化为切入点,开展中华优秀传统文化教育,弘扬真善美,赋予正能量,对于家风建设、乡风治理都将产生积极的影响。

或许有人认为,巴城镇的经济文化背景非常特殊,社区教育的发展具有典型性,但不具备普遍性,所以根本无法推广。这样的看法有一定的道理,但也有失偏颇。每个农村乡镇、社区都有自己独特的经济文化背景,如果没有,那么其社区教育的开展就更加简单了:可以借用周边地区的优质资源来满足本地的居民学习需求;如果无从借用,那该地区就需要建设自己的资源,敢为人先,这也是迈向了成功的第一步。

案例五："太湖雪"飘知蚕桑

江苏省苏州市吴江区的盛泽镇是一个典型的江南水乡古镇,地处长三角腹地,距上海、杭州、苏州、无锡等城市均为一小时左右的车程,距省会南京两个多小时的车程,高铁、高速公路纵横,至民航虹桥机场和硕放机场均为一个多小时车程。盛泽是中国唯一的丝绸小镇,"太湖雪"游学基地正是依托这一产业特色而建立的。

自然山水、桑蚕文化、农耕文明、现代文明,在这里完美地融为一体,人文底蕴深厚。在推动全民终身学习、开展中小学生研学旅行的背景下,面向东部发达地区的广阔旅游市场,建设游学基地,也就成为该地产业、文化、教育融合发展的一个必然选择。

"太湖雪"游学基地通过沉浸式、体验式、互动式的课程,将农桑产业从新石器时代到现代的发展史向人们娓娓道来。

①育蚕课堂。研学者通过聆听蚕的传说故事,进一步了解蚕宝宝,激发了探索事物的兴趣;教师通过讲解蚕的一生(卵、虫、蛹、蛾)及蚕宝宝的器官构造、呈现的形态、喂养蚕宝宝的知识等,培养学习者的观察力、动手能力,拓展其知识面;现场的情境教育更好地激发学习者的学习兴趣;以春蚕精神传扬中国孝文化。

②蚕茧手绘是一门在蚕茧上作画的手工课程,目的是培养学习者的兴趣爱好和创造性思维能力。指导教师介绍演示蚕茧画制作的技术要点,并在现场实时指导,学习者既可以根据画材、绘画内容进行创作,也可以根据指导教师提供的图片或素材进行模仿,从而画出自己独特的作品。这样的课程生动有趣、受众广泛。

③扎染课堂。扎染,古称扎缬、绞缬,是中国民间传统的染色工艺,属于国家级非物质文化遗产。它的起源可以追溯到古代,当时人们为了满足生活需要,开始尝试用天然染料在布料上进行染色。随着时间的推移,这种简单的染色技术制作的产品逐渐成一种独特的工艺品。制作扎染时,要先在布面上勾绘好图案,然后按图案的轮廓,用手工精巧缝合,之后放入染缸反复浸染多次,每染一次,色彩就加深一层,再经过出缸、漂洗、晾干、拆线等工序,就制作成了精美的手工艺品。扎染技艺在全国范围内有多个流派,各有其特点,它不仅是一种染色工艺,

还承载着丰富的文化内涵,体现了民族文化的特色。扎染的寓意和象征主要体现在其独特的图案和色彩上。通过扎结的工艺,布料局部不接触染料,从而形成各种独特的图案和纹理。每一次扎结的力度、形状都会影响到最终的图案效果,因此每一次扎染得到的成品都是独一无二的。扎染的图案多以不规则图案以及其他简单几何图形组成,取材于常见的动植物形象,如蜜蜂、蝴蝶、梅花、鸟虫以及神话传说中的人物、百兽等。蓝底白花图案产生自然晕纹,青里带翠,凝重素雅,形象生动,布局丰满,在一定程度上体现了少数民族人民淡泊、宽容的心态及对至善人生理想的追求。

教师可以根据不同学习者的特点,运用图片、实物展示及技艺演示视频等方法,有所侧重地介绍我国的扎染文化,引领学习者在一定的情境中坚定文化自信。

根据指导教师的指令,学习者用绳子、夹子等对面料进行捆扎,然后放入提取好的植物颜料中浸染……直至洗净晾干。

④丝绸拓印:这是以花草枝叶为颜色和基本图形,经过重新组合设计后,以专用胶锤击打拓印在丝绸面料上,从而进行艺术创作的一门课程。

该课程提供基本工具,指导教师讲解技术要领和拓印演示后,让学生在指定区域按照规范要求采集花朵、草叶等,回到教室后自行拓印,过程中碰到疑难问题可以随时请教老师。

作品完成后,再学习装裱,这样一幅独特的拓印作品就完成了。

这门课程的知识点包括植物学方面的知识、绘画色彩及构图知识、拓印基本技法和竹制画框的制作技艺等。

此外,该基地还设立了"抽丝剥茧""手工制(真丝)被""丝品生活"等相关课程。

点评:发展社区教育是全社会的共同责任,非政府组织参与社区教育的前提是合作共赢。社区教育机构和企业联手打造游学基地、开发课程,并进行市场化运营,以课程包作为商品,由学习者自主选择教学模块,实施教师指导下的自主学习,满足个性化学习的需求;同时,促进了从桑蚕文化游学到丝绸产品销售,再到水乡生态旅游休闲、农家生活体验这一产业链的延伸。在满足人民群众精神文化消费需求的同时,取得了良好的经济效益,真正实现了一二三产业的融合发展,有力地助推了乡村振兴战略的实施。

案例六：最美渔村的打造者

扬州市邗江区方巷镇沿湖村位于邵伯湖畔，共有430户1620人，拥有76亩耕地、1100多亩滩涂和广袤的邵伯湖等自然资源。该村居民原为邵伯湖上的渔民，分别来自江苏、安徽、山东、河南、山西等五省。在"三退三还"（退耕、退渔、退养，还林、还湖、还湿地），保护和改善生态环境的历史背景下，渔民上岸，被集中安置于此。

如何"放鱼养湖"、"退养还湖"和"靠湖吃湖"，实现从捕捞养殖业到生态旅游与渔家文化的转型发展，是地方党委和政府以及全体村民共同面临的问题。

这里的村民，从年龄上看，50岁以上的占52%；从文化程度上看，31%是文盲，19%是小学文化，38%是初中文化，12%是高中以上文化（基本外出打工），村民总体受教育水平低于该地区的平均水平。

高校如何服务国家主体发展战略，展示知识的力量？扬州开放大学选中了这里作为教育服务乡村振兴的对口协作单位。他们认为，这里基础环境薄弱却距离扬州市区较近，一张白纸可以画出最新、最美的图画。他们的设想得到了时任方巷镇副镇长崔卉的支持和村党总支书记刘德宝的响应。

在江苏开放大学的支持下，扬州开放大学、邗江开放大学、方巷社区教育中心通力协作，本着"愿景共构、队伍共组、平台共建、资源共用、人才共育、成果共享"的原则，启动助力"江苏最美渔村"建设项目。该项目由学校分管领导牵头，继续教育学院负责具体协调，相关学院共同参与，围绕沿湖村的振兴目标，相关工作和教育培训任务主题分解如下。经贸学院：财税服务；管理学院：农村电子商务；旅游学院、团委：乡村旅游（民宿、农家乐）；医学院、体育学院：医疗急救、健康养生；人文学院、外语学院：法律援助、涉外服务；艺术学院、师范学院：民宿（家庭）软装修、家庭教育、乡土文化；资环学院：环境保护、规划；园林学院：园林园艺、庭院装饰；生化学院：食品加工；继续教育学院：对接联络、部门间协调、督查落实。

在具体工作中，要做到以下几点：①方案科学化。确定首席专家，组织专家对方案进行认真调研，找准切入点，沿湖村在转型发展中缺什么，他们就补什么，高起点制定培训方案，做到按需培育。遴选学校和行业的知名专家、教授，担任任课老师。精细化做好专业指导和生活服务。②模式新颖化。接——接他们进校,接受系统学习;带——带他们外出参观,拓宽思路;送——送教到村,解决他们工学矛盾;跟——跟踪服务,满足他们个性化需求。③帮扶个性化。针对村民不同的情况,引导转型,"卖鱼虾""卖体验""卖文创",各显身手、各具特色,形成全村协调发展、科学发展的格局。

2019年,沿湖村正常运营渔家乐餐饮15家(精品6家)、正常运营民宿10家(精品4家)、农村电商25家;接待游客26万人次,实现旅游收入约3 680万元,带动就业1 267人。

点评:高校及其师生参与乡村教育,是我国社区教育的重要源头。发挥学校包括高水平师资在内的教学资源优势,服务"三农",是全面推进乡村振兴战略的具体体现。在过往的实践中,高校的通行做法,往往是以院系为单位,选择一些乡村实施单一项目的帮扶,从乡村振兴总要求的视角出发,这样的做法有一定的局限性。基于城乡融合、产业融合的理念,扬州开放大学以"乡村游学"项目建设为载体,针对村民的个性化需求和沿湖村的产业规划布局,整合校内资源,瞄准产业、人才、文化、生态、组织的五大振兴目标,通盘设计课程,采用灵活多样的方式实施教育教学活动,取得了实效,受到了基层党委和政府的高度肯定,让村民普遍受益。在现场调研考察过程中,村民们热情地和项目组成员打着招呼,邀请他们去家里坐坐、到家里吃饭,那份尊敬和感激之情令人动容。

各地社区教育机构都可以打造自己的榜样,高校也都可以有自己的服务乡村振兴的经典案例。"高校服务地方、服务乡村振兴"不是一句口号,也不是一份文件,而是需要切实有效的行动。

结语

习近平总书记指出,任何时候都不能忽视农业、不能忘记农民、不能淡漠农村。中国要强,农业必须强;中国要美,农村必须美;中国要富,农民必须富。实施乡村振兴战略既是解决我国城乡发展不平衡不充分的迫切要求,更是广大农村居民的热切向往,事关我国在21世纪中叶能否建成富强民主文明和谐美丽的社会主义现代化强国。改革开放以来,我国农业农村发展虽然取得了巨大成就,但经济社会发展不平衡、不充分的矛盾,仍然突出体现在农业和农村这个领域。

实施乡村振兴战略是破解我国城乡二元结构的战略选择,是全社会的共同责任。从阶段性发展水平看,我国具备实施乡村振兴战略的条件,在过去几年的实践中,乡村振兴已经取得了丰硕的成果,特别是新的生产要素大量进入农村,农村地区一二三产业的融合和美丽乡村建设更是成为发展的亮点。

党的二十大报告明确指出,"发展不平衡不充分问题仍然突出,推进高质量发展还有许多卡点瓶颈,科技创新能力还不强;确保粮食、能源、产业链供应链可靠安全和防范金融风险还须解决许多重大问题;重点领域改革还有不少硬骨头要啃;意识形态领域存在不少挑战;城乡区域发展和收入分配差距仍然较大;群众在就业、教育、医疗、托育、养老、住房等方面面临不少难题;生态环境保护任务依然艰巨"。经济的转型发展、文化的传承复兴、政治的变革、社会的进步,无不涉及社会教育的服务领域。所以,"教育是国之大计、党之大计",要"坚持以人民为中心发展教育,加快建设高质量教育体系,发展素质教育,促进教育公平"。

农村地区的经济社会发展,教育是基础。从宏观层面看,重视教育已经成为全党、全社会的共识;从中观层面看,重视教育往往表现在对基础教育和高等教育的重视;从微观层面看,由于制度缺失,一些地方基层党委和政府对于教育的重视程度远远不够,或急功近利,或被动应付。社区教育,特别是在经济欠发达地区的农村社区教育,尚未摆上议事日程。

大力发展教育,是乡村振兴的必然要求。基础教育固然重要,但大批青年学子走出乡村进入高校之后,农村的人力资本水平非但不能提升,反而有所下降。改变农村面貌,关键在人!基层农村必须找准教育发展的突破口和重点领域。社区教育是教育的短板,是解决农村诸多现实问题的基本路径,"必须合乎时代潮流,顺应人民意愿",必须坚持守正创新,坚定以人民为中心的办学理念,勇于实践、善于研究,努力解决突出问题,推进社区教育事业的持续健康发展。

发展社区教育,必须坚持服务"五位一体"的总体布局,融入民生工程,不断满足人民对美好生活的向往,其核心点就在于以新发展理念为引领,建立具有强大凝聚力和引领力的社会主义意识形态,培育和践行社会主义核心价值观,加强思想道德建设,强壮中华民族的灵魂。基于教育学"德智体美劳"的分类,社会德育也必然是社会教育的核心,更是公办教育机构社会教育的重点领域。社会德育必须突出教育的实践性,坚持德育为先、人民至上的基本方向。

发展社会教育,必须深化改革、优化资源配置方式。基于其功能特征,社会教育的发展需要建立健全完备的制度体系,充分整合政府和社会资源,形成整体推进的发展格局。教育现代化是一个全面综合的指标,社会教育相对于学校教育而言是一块显而易见的短板,要引入经济供给侧结构性改革理论,把着眼点置于投入相对较少、服务面向更宽、与公众密切相关的社会教育领域,着力解决教育领域资源错配的问题,让更多的教育资源惠及社会公众,促进教育的公平,实现教育对社会成员的全覆盖。要充分发挥中国特色社会主义体制的优势,建立完善的制度体系,不断优化社会教育治理结构,形成良好的法治和政策环境。

发展社会教育,必须完善机制、形成整体发展合力。人民既是社会教育的受益者,也是推动社会教育发展的根本力量。各类社会组织、企事业单位都应成为社会教育的重要力量。建立政府主导的协同机制,确立由教育部门扎口管理的社会教育治理体系,是形成合力、提升效率、健康运行的基本保证。中国社会教育的原点之一是学校师生对社会的教育反馈,发挥各级各类学校在社会教育中的主阵地作用,充分利用现有的教育资源,更好地服务于全体社会成员,是推进社会教育发展的基本路径。通过"能者为师"的遴选,建设一支开放的、社会化的师资队伍,组织一支规模宏大的志愿者队伍,充分整合社会力量,构建辐射、覆盖全社会的学习支持服务体系,是社会教育的重要特征。

发展社会教育,必须创新模式、提升教育效益。社会教育是学校教育、家庭教育以外教育的总和,但学校恰恰是推进社会教育的重要力量,而家庭又是社会教育受教的基本单元,这就为创新社会教育的模式提供了无限的可能。基于教学设计的理论,应该努力实现社区教育、老年教育、青少年校外教育、各种形式的培训的融通,实现各类公益活动、文化体育活动、专题教育活动的融合,实现人文景观、自然景观、科技场馆、工业及商业资源在社会教育中的综合运用,进而与时俱进、不断完善和创新社会教育的实现形式,推进社会教育事业的高位运行和全面发展,激发社会教育的旺盛生命力和巨大效益。

发展社会教育,必须围绕中心,服务国家发展战略。党的二十大回顾总结了过去五年的工作和新时代十年的伟大变革,阐述了开辟马克思主义中国化时代化新境界、中国式现代化的中国特色和本质要求等重大问题,擘画了全面建成社会主义现代化强国的宏伟蓝图和实践路径,就未来五年党和国家事业发展制定了大政方针、作出了全面部署。社会教育必然要围绕文化与文明建设、民主与法治、社会建设与社区治理、国家创新与产业转型、乡村振兴与脱贫攻坚、教育公平与教育普惠、安全与环境等重大工程展开,社会教育也必然会在服务重点发展战略的进程中找到并拓展自身的发展空间和发展价值。

发展社会教育,必须面向人人,坚持实践探索。"实践没有止境,理论创新没有止境。"面向全体社会成员,营造良好的学习氛围和学习环境,提供基本的制度和政策支持,基于"知识改变命运、学习完美人生"的理念,提高社会的流动性,促进社会的公平公正。立足社区、各类经济和社会组织,建设学习型社区、学习型单位,是加快学习型社会建设的必由之路。基于全球视野,社会教育学科已经基本形成,我们在借鉴他国经验的同时,必须通过深化实践探索,凝练理论成果,逐步建立有中国特色的社会教育治理体系和理论体系,从而指导和引领我国社会教育的高水平发展。

长期的工作实践和三年来的专题调研,让笔者对我国社区教育实践有了基本的了解,对于建立我国社区教育的理论框架有了初步的思考。本书认为,从社区教育的本体出发,课程是核心,所以将课程及其建设问题作为讨论的重点。书中的不足之处、不当之处在所难免,敬请业内外同仁批评指正,也期待着有此类的优秀论著问世,以共同推进我国社区教育、特别是农村社区(老年)教育事业的健康发展,为乡村振兴、为中华民族的伟大复兴协力同心。

主要参考文献

[1] 朱永新. 中国教育缺什么[M]. 苏州:苏州大学出版社,2003.

[2] 吴遵民. 现代中国终身教育论[M]. 上海:上海教育出版社,2003.

[3] 伊万·伊利奇. 去学校化社会[M]. 吴康宁,译. 北京:中国轻工业出版社,2017.

[4] 吴康宁. 教育社会学[M]. 北京:人民教育出版社,1998.

[5] 周洪宇. 陶行知生活教育学说[M]. 武汉:湖北教育出版社,2011.

[6] 刘文霞. 个性教育论[M]. 呼和浩特:内蒙古大学出版社,1997.

[7] 杨叔子,余东升. 素质教育:改革开放30年中国教育思想一大硕果——纪念中共中央国务院《关于深化教育改革全面推进素质教育的决定》颁布十周年[J]. 高等教育研究,2009,30(6):1-8.

[8] 侯怀银. 中国社会教育研究的若干问题[J]. 教育研究,2008(12):39-43.

[9] 卡尔·雅斯贝尔斯. 什么是教育[M]. 邹进,译. 北京:生活·读书·新知三联书店,1991.

[10] 联合国教科文组织国际教育发展委员会. 学会生存:教育世界的今天和明天[M]. 北京:教育科学出版社,1996.

[11] 吴进. 从广播电视大学到开放大学:面向社会教育的转型发展[M]. 北京:国家开放大学出版社,2019.

[12] 朱寿朋. 光绪朝东华录[M]. 北京:中华书局,1958.

[13] 陈景磐,陈学恂. 清代后期教育论著选[M]. 北京:人民教育出版社,1997.

[14] 王雷. 中国近代社会教育史[M]. 北京:人民教育出版社,2003.

[15] 李桂林. 中国现代教育史教学参考资料[M]. 北京:人民教育出版社,1987.

[16] 高奇. 中国现代教育史[M]. 北京:北京师范大学出版社,1985.

[17] 江西省教育厅. 江西苏区教育资料选编[M]. 南昌:江西教育出版社,1960.

[18] 宋恩荣,章咸. 中华民国教育法规选编:1912—1949[M]. 南京:江苏教育出版社,1990.

[19] 梁忠义. 当代日本社会教育[M]. 太原:山西教育出版社,1994.

[20] 教育部师范教育司. 教师专业化的理论与实践(修订版)[M]. 北京:人民教育出版社,2003.

[21] 卢乃桂,钟亚妮.教师专业发展理论基础的探讨[J].教育研究,2007(3):17-22.

[22] 马定计,应一也.社区教育工作者职业化专业化发展研究[J].成人教育,2009,29(10):22-25.

[23] 南红伟.我国社区教育工作者专业化发展研究[D].曲阜:曲阜师范大学,2010.

[24] 彭克敏,李辉.加强老年大学师资队伍建设的构想[J]老年教育,2012(10):25-26.

[25] 于荣萍,王汉鸣,刘素芳,等.浅谈老年大学教师聘任和管理[J].教育教学论坛,2014(38):136-137.

[26] 柳华盛.终身教育视域下城区老年教育师资现状分析与建设对策——以宁波社区大学老年教育中心为例[J].当代继续教育,2014,32(5):25-29.

[27] 高卫东.社区教育专职工作者素质分析[J].北京广播电视大学学报,2008(1):7-12.

[28] 小林文人,末本诚,吴遵民.当代社区教育新视野——社区教育理论与实践的国际比较[M].上海:上海教育出版社,2003.

[29] 叶忠海.社区教育学基础[M].上海:上海大学出版社,2000.

[30] 刘尧.台湾社区大学发展历史与现状述评[J].西南交通大学学报(社会科学版),2008(2):1-6+11.

[31] 张旭.美国社区大学考察启示录[J].中国高等教育,1999(5):25-26.

[32] "面向21世纪中国社区中的终身学习的调查与研究"课题组.社区终身学习理念与我国社区教育转型——关于我国社区教育现状、问题及发展对策的调查研究[J].教育研究,2002(11):40-45+50.

[33] 刘红.高校产学研结合实践中的几点思考[J].长春理工大学学报(高教版),2008(3):83-85.

[34] 宣兆凯.学校社会工作理念与21世纪中国社区教育发展[J].北京师范大学学报(人文社会科学版),2001(2):55-60.

[35] 沙兰·B·梅里亚姆,拉尔夫·G·布罗克特.成人教育的理论与实践:导论[M].陈江平,王加林,译.北京:北京师范大学出版社,2016.

[36] 佐藤学.学校的挑战——创建学习共同体[M].钟启泉,译.上海:华东师范大学出版社,2010.

[37] 刘志军.教育评价[M].北京:北京师范大学出版社,2018.

[38] 余清臣,等.现代学校价值教育[M].北京:北京师范大学出版社,2015.

[39] 窦刚.补偿、赋能和完善:广义成人教育的时代使命[J].职教论坛,2019(8):106-112.

[40] 张治勇,李国庆.学习性评价:深度学习的有效路[J].现代远距离教育,2013(1):31-37.

[41] 陈玉琨.教育评价学[M].北京:人民教育出版社,2017.

[42] 王雷.大学社会教育研究——基于大学服务社会的历史考察[M].北京:人民出版社,2013.

[43] 威廉·F.派纳,等.理解课程[M].张华,译.北京:教育科学出版社,2004.

[44] 王斌华.校本课程论[M].上海:上海教育出版社,2000.

[45] 曾文婕.微型课程论[M].北京:北京师范大学出版社,2018.

[46] 侯怀银.社区教育[M].北京:北京师范大学出版社,2015.

[47] 陈廷柱.学习型社会的高等教育[M].南京:南京师范大学出版社,2004.

[48] 陈乃林.改革开放进程中社区教育的发展轨迹与基本经验[J].终身教育研究,2018,29(6):12-17.

[49] 葛新斌.学校组织与管理[M].北京:北京师范大学出版社,2015.

[50] 杨开城.课程开发——一种技术学的视角[M].北京:北京师范大学出版社,2018.

[51] 费孝通.文化的创造[M].北京:群言出版社,2010.

[52] 金生鈜.理解与教育——走向哲学解释学的教育哲学导论[M].北京:教育科学出版社,1997.

[53] 佐藤正夫.教学论原理[M].钟启泉,译.北京:人民教育出版社,1996.

[54] 盛群力,马兰.面向完整任务教学,设计复杂学习过程——冯曼利伯论四元培训与教学设计模式[J].远程教育杂志,2010(4):51-61.

[55] 陈晓彤,杨雪冬.走向以人为中心的城市治理[J].领导文萃,2018(20):16.

[56] 敬鸿彬.地域文化融入社区教育的价值及其实现路径[J].职教论坛,2015(27):64-67.

[57] 张孝德,丁立江.面向新时代乡村振兴战略的六个新思维[J].行政管理改革,2018(7):40-45.

[58] 大卫·N.阿斯平.哲学视角下的终身学习[M].周芳,刘俊玮,毛艳,译.北京:北京师范大学出版社,2016.

[59] 吴遵明.关于对我国社区教育本质特征的若干研究和思考——试从国际比

较的视野出发[J].华东师范大学学报(教育科学版),2003(3):25-35.

[60] 唐斌尧.20世纪90年代以来关于社会公正问题研究述评[J].教学与研究,2005(1):69-76.

[61] 吴忠明.形成社会阶层之间的良性互动——社会分层中的公正规则初探[J].东岳论丛,2005,26(1):22-35.

[62] 别敦荣,王严淞.普及化高等教育理念及其实践要求[J].中国高教研究,2016(4):1-8.

[63] 别敦荣.普及化高等教育的基本逻辑[J].中国高考研究,2016(3):31-42.

[64] 毛礼锐.中国教育史简编[M].北京:教育科学出版社,1984.

[65] 伯顿·克拉克.高等教育新论——多学科的研究[M].王承绪,译.杭州:浙江教育出版社.

[66] 桑宁霞,刘丽.认同 自主 超越——老年学习生命价值的实现路径[J].当代继续教育,2016,34(4):4-10.

[67] 世界卫生组织.积极老龄化政策框架[M].中国老龄协会,译.北京:华龄出版社,2003.

[68] 杨德广.普通高校的继续教育应着力发展老年教育[J].终身教育研究,2017,28(6):23-31.

[69] 陈乃林,孙孔懿.终身教育的一项紧迫课题——关于我国老年教育的若干思考[J].教育研究,1998(3):65-68.

[70] 《全国老年教育发展规划(2016—2020年)》远程教育课题组,张少刚,张益彬,等.全国电大系统老年教育发展调研报告[J].中国远程教育,2015(9):61-70+80.

[71] 赫·斯宾塞.斯宾塞教育论著选[M].胡毅,王承绪,译.北京:人民教育出版社,2005.

[72] 高存艳.成人教育哲学流派的自我导向学习观[J].继续教育研究,2003(6):42-44.

[73] 《中国老年教育发展研究报告(2018—2020)》编委会.中国老年教育发展研究报告(2018—2020)[M].北京:当代中国出版社,2021.

[74] 老龄文明智库.老龄文明蓝皮书[M].南京:江苏人民出版社,2024.